首都经济贸易大学北京市属高校基本科研业务费专项资金资助

服务型对外直接投资与中国企业升级

苏二豆 ◎ 著

首都经济贸易大学出版社
Capital University of Economics and Business Press
·北 京·

图书在版编目（CIP）数据

服务型对外直接投资与中国企业升级 / 苏二豆著. --北京：首都经济贸易大学出版社，2022.11

ISBN 978-7-5638-3403-7

Ⅰ.①服… Ⅱ.①苏… Ⅲ.①服务业—对外投资—直接投资—企业升级—研究—中国 Ⅳ.①F726.9

中国版本图书馆 CIP 数据核字（2022）第 168171 号

服务型对外直接投资与中国企业升级
FUWUXING DUIWAI ZHIJIE TOUZI YU ZHONGGUO QIYE SHENGJI
苏二豆　著

责任编辑　陈　侃
封面设计　砚祥志远·激光照排 TEL：010-65976003
出版发行　首都经济贸易大学出版社
地　　址　北京市朝阳区红庙（邮编 100026）
电　　话　（010）65976483　65065761　65071505（传真）
网　　址　http：//www.sjmcb.com
E-mail　publish@cueb.edu.cn
经　　销　全国新华书店
照　　排　北京砚祥志远激光照排技术有限公司
印　　刷　北京建宏印刷有限公司
成品尺寸　170 毫米×240 毫米　1/16
字　　数　178 千字
印　　张　10.5
版　　次　2022 年 11 月第 1 版　2022 年 11 月第 1 次印刷
书　　号　ISBN 978-7-5638-3403-7
定　　价　42.00 元

图书印装若有质量问题，本社负责调换

前言

近年来，全球对外直接投资（outward foreign direct investment，OFDI）的重心已由制造业转向服务业。20世纪50年代，服务业占世界对外直接投资存量的比例不到20%，2002年这一比例接近50%，2015年则高达65%。与此同时，中国服务型对外直接投资（即境外投资行业是服务业的对外直接投资）也蓬勃发展。根据《2018年度中国对外直接投资统计公报》，截至2018年底，中国对外直接投资存量为19 822.66亿美元，排在全球国家（地区）第三位。其中，流向服务业的有15 323.79亿美元，占比高达77.3%。与需要设立大型生产基地、雇用大量生产性劳动力的生产型对外直接投资相比，服务型对外直接投资不仅耗资少、建立周期短、生产率准入门槛低，而且其雇用的主要是销售、管理人员等非生产性劳动力，是发展中国家开拓国际市场、获取国际高级生产要素的重要渠道。诸如研发、产品设计等具有知识密集特征的服务型投资更是直接增加了发展中国家接触全球研发资源的机会。那么，中国企业服务型对外直接投资成效究竟如何？具体地，它是否有益于中国企业升级？如果是，那么其具体作用机制是什么？本书在中国服务型对外直接投资大规模增长的背景下，全面而系统地对此问题展开研究。

在对外直接投资经济效应领域，既有研究的重点大多关注于对外直接投资整体对母国经济的作用，少有文献立足于中国对外直接投资集中于服务业的现实背景，就投资行业的不同所可能产生的影响差异进行进一步分析，这限制了对中国“走出去”战略经济效应的认识。尽管近年来有为数不多的文献已初步意识到贸易服务型或商贸服务型对外直接投资对中国企业绩效有重要作用，但一方面，这些文献主要围绕单一的服务（比如商贸服务或研发服务）部门展开，无法较为全面地揭示服务型对外直接投资整体的经济效应；另一方面，这些研究也未厘清服务型投资影响企业绩效的内在作用机理并给出可靠的证明，无法精确地揭示服务型投资究竟是如何对企业产生影响的。更为重要的是，既有研究更多关注的是服务型对外直接投资对企业出口的影响，鲜有文献深入考察对企业升级的作用。

有鉴于此，本书基于企业升级的基本定义（企业创新带动的企业成长），从企业升级的“质”（企业创新）和“量”（企业成长）两个视角入手，系统剖析服务型对外直接投资影响中国企业升级的内生机制，并实证评估其经验效果，以在一定程度上弥补现有研究的空缺。

本书共有六章：第一章是导论，主要介绍本书的研究背景、研究问题、研究目的、研究意义、研究思路、研究方法与主要创新点。第二章是文献综述，首先对服务型对外直接投资与企业升级的概念进行界定，然后简要回顾并梳理有关对外直接投资、服务型对外直接投资的相关文献。第三章到第五章是本书的核心章节。第三章是理论分析与研究假设，着重梳理服务型对外直接投资影响企业升级的作用机理，并提出研究假设。第四章以“中国企业对外直接投资全新数据库”的数据与“万得（Wind）数据库”的数据匹配后得出的2002—2017年中国非金融类上市企业面板数据为基础，从自主创新角度就服务型对外直接投资对企业升级“质”的影响进行实证检验。第五章从企业成长角度实证考察服务型对外直接投资对企业升级“量”的影响。第六章是对全书的总结、政策启示和对研究的未来展望。

基于理论和实证分析，本书得到的主要结论如下：

1. 理论方面

从理论上看，服务型对外直接投资可能通过“市场规模效应”、“资金流效应”和“创新资源流通效应”这三个路径促进母国企业升级“质”方面（企业创新）的提升，还可能通过“创新效应”和“需求效应”这两个路径促进母国企业升级“量”方面（企业成长）的增长。

2. 实证方面

（1）从实证上看，服务型对外直接投资显著而稳健地促进了中国企业升级“质”方面（企业创新）的提升。具体而言，相对于平均专利申请数而言，服务型对外直接投资使得企业专利申请数量上升了25.20%；相对于平均发明专利申请数而言，服务型对外直接投资使得企业发明专利申请数量上升了31.34%。异质性检验结果显示，这种促进作用在不同管理效率、投资模式、地区、投资东道国之间存在一定的差异。作用机制检验结果表明，服务型投资主要通过理论分析部分提出的“市场规模效应”、“资金流效应”和“创新资源流通效应”这三个路径来促进企业自主创新。考虑到服务型投资对企业创新的影响可能存在滞后性和持续性特征，并且可能会因投资强度的不同而存在差异，进行拓展分析之后发现，服务型投资对企业自主创新的影响效应随着时间的推移呈波动式上升趋势，且投资强度越大，对企业创新的促进作用越明显。此外，通过对比服务型投资与纯生产型投资对企业自主创新的影响差异发现，前者对企业创新水平的促进作用更大，体现出服务型投资在促进中国经济质量升级中的重要作用。

（2）从实证上看，服务型对外直接投资促进了中国企业升级“量”方面（企业成长）的增长。具体而言，服务型投资显著而稳健地带动了以企业产出为测度指标的企业成长。异质性检验结果表明，非国有企业、投资模式为绿地投资的企业、地处交通基础设施较发达省份的企业、投资目的地为高收入东道国的企业从服务型投资中获益更大。机制检验发现，服务型对外直接投资主要通过理论分析部分提出的“创新效应”和“需求效应”这两个路径而促进企业成长；对这两个机制的作用效果进行对比后发现，与需求机制相比，创新机制在服务型投资促进企业产出增长过程中起到的作用更大，表明服务型投资对企业升级“量”的促进作用主要是由“质”的提升所驱动的，即服务型投资促进的企业成长更多是一种源于突破生产力边界的高质量成长。进一步的拓展分析发现，从投资时期上看，服务型投资对企业成长的影响在企业投资之后随着时间的推移而增强；从投资强度上看，投资金额越大，对企业成长的促进作用越明显。通过对比服务型与纯生产型投资对企业产出影响的差异发现，相较于生产型投资而言，服务型投资对企业产出的促进作用更大。近年来，有学者担心大规模的中国企业“走出去”会导致国内产业的转移和产出的萎缩；该结论则显示，由于中国企业对外直接投资聚焦于服务业，而服务型投资对产出的促进作用是显著而有力的，因此，不必担忧“走出去”战略可能引起的物质生产下降问题。

总而言之，在中国对外直接投资聚焦于服务业的背景下，本书着重研究了两方面的内容：第一，服务型对外直接投资是否促进了中国企业升级“质”方面（企业创新）的提升？第二，服务型对外直接投资是否促进了中国企业升级“量”方面（企业成长）的增长？对这些问题的回答不仅能使政府和学术界更为清晰地认识到服务型对外直接投资在带动中国企业升级过程中的重要作用，而且能够为下一步如何更好地实施“走出去”战略以推动中国经济实现高质量发展提供有益的政策启示，具有一定的理论价值和现实意义。

本书研究得到2019年度教育部人文社会科学研究规划基金项目（项目编

号：19YJA790100）和首都经济贸易大学北京市属高校基本科研业务费专项资金（项目编号：XRZ2022044、QNTD202204）的资助，在此表示衷心的感谢。

本书是在笔者博士毕业论文的基础上修改完成的，由于才学所限，书中难免存在不足之处，敬请广大读者批评指正。

苏二豆

目 录

CONTENTS

第一章 导 论

本章主要对研究课题进行说明：第一节简要介绍本书的研究背景与意义；第二节介绍本书的研究思路与研究方法；第三节详细阐述本书的主要创新之处。

第一节 研究背景与意义

一、研究背景

改革开放以来，中国经济实现了迅猛增长，经济总量已位居世界第二。然而，由于存在国内投入要素成本持续上升、环境污染日趋严重等问题，传统的以劳动力、资本和资源三大投入要素为主的粗放型经济发展道路已难以为继。因此，增长动力从要素与投资规模驱动转换为创新驱动，通过创新提升要素投入的使用效率、促进企业升级，便成为中国经济发展的必然选择。在这样的背景下，关于如何促进企业升级的问题就成为学术界关注的重点。其中，有不少学者提出中国企业可以借助国家的“走出去”战略，通过在海外设立子公司、合资公司等方式融入全球技术创新网络，通过吸收国际前沿技术知识、获取国际高素质人才等来带动母国企业技术创新水平提升（明秀南等，2019；蒋冠宏、蒋殿春，2014；毛其淋、许家云，2014）。而本书也正是在此框架下考察中国企业升级问题。

《世界投资报告》显示，全球对外直接投资（outward foreign direct investment，OFDI）[①] 的一个重要趋势是由制造业转向服务业。20 世纪 70 年代

① 为了方便，在本书中混合使用对外直接投资和 OFDI 两种表述。

初，在全球对外直接投资中，流向服务业的投资（以下简称“服务型投资”①）只占投资存量的25%，1990年该比例接近50%，2015年它已上升到65%。服务型对外直接投资格局的转变促使国际机构（如联合国）开始考虑服务业对全球经济可能产生的重要影响（Ramasamy & Yeung，2010）。与此同时，中国服务型投资规模也在持续扩张。如表1-1所示，2004年中国企业服务型对外直接投资金额为25.27亿美元，到2018年就上升至1 084.18亿美元，15年间增加了近41.9倍，是生产型投资增幅的3.93倍。从占比来看，服务型投资占对外直接投资总量的比重较大，如2008年和2010年达到了80%以上，年均达69.3%。此外，根据《2018年度中国对外直接投资统计公报》可知，截至2018年底，中国已在国外设立2.69万家服务分支机构，占总境外分支机构数的62.8%，累计投资额为15 323.8亿美元，占总境外投资额的比例高达77.3%。其中，存量规模在千亿美元以上的行业有6个，按规模由大到小排序依次是：租赁和商务服务业、批发零售业、金融业、信息传输及软件和信息技术服务业、制造业、采矿业。党的十九大报告强调，要形成面向全球的服务网络，加快培育国际经济合作和竞争新优势。这意味着在未来的一段时间内，中国企业服务型对外直接投资规模有望继续扩大。

表1-1 2004—2018年中国服务型与生产型对外直接投资流量变化趋势

年份	服务型OFDI（亿美元）	服务型OFDI占比（%）	生产型OFDI（亿美元）	生产型OFDI占比（%）
2004	25.27	45.96	29.71	54.04
2005	81.11	66.15	41.51	33.85
2006	113.81	53.77	97.83	46.23
2007	195.64	73.81	69.42	26.19
2008	460.99	82.46	98.08	17.54
2009	397.74	70.36	167.55	29.64
2010	552.64	80.31	135.48	19.69
2011	488.46	65.43	258.08	34.57

① 本书定义服务型投资（或服务型对外直接投资）为境外投资行业是服务业的对外直接投资。与此相对应，定义生产型投资（或生产型对外直接投资）为境外投资行业是非服务业的对外直接投资。

续表

年份	服务型 OFDI（亿美元）	服务型 OFDI 占比（%）	生产型 OFDI（亿美元）	生产型 OFDI 占比（%）
2012	589. 50	67. 14	288. 53	32. 86
2013	689. 81	63. 96	388. 63	36. 04
2014	897. 91	72. 93	333. 29	27. 07
2015	1 059. 86	72. 76	396. 81	27. 24
2016	1 539. 55	78. 49	421. 95	21. 51
2017	1 211. 03	76. 51	371. 85	23. 49
2018	1 084. 18	75. 80	346. 19	24. 20

资料来源：作者根据国家统计局的数据汇总制作。

造成中国企业对外直接投资集中于服务业的一个重要原因是其面临的生产率准入门槛较投资生产行业而言更低。根据异质性企业理论，对外直接投资可以使企业节省运输成本，但是需要承担更高的固定成本，因此，为弥补成本劣势，只有生产率最高的企业才会选择对外直接投资，生产率次之的会出口，生产率最低的仅在国内销售（Head & Ries，2003；Helpman et al，2004）。而服务型投资并不需要大规模的固定资产投资，因此，与生产型投资相比，服务型投资使企业能够以相对更低的生产率门槛进入东道国市场（Krautheim，2013）。

生产率门槛与东道国收入水平有关，收入水平越高的国家要求的生产率门槛也越高。中国企业生产率没有优势，因此，对高收入发达国家更多采用的是服务型投资方式，对低收入发展中国家则主要采用生产型投资方式①。随着国际分工的持续深化，发达国家凭借其先进技术、知识、信息及人力资本等高级生产要素优势而占据着全球价值链的高端服务环节，在这样的背景下，服务型投资就成为发展中国家嵌入全球服务网络、获取国际高级生产要素的重要渠道（闫付美，2018），诸如研发、产品设计、管理咨询等具有知识密集型特征的服务型投资更是直接增加了发展中国家接触全球研发资源的机会。

① 根据“BvD Zephyr 数据库”和“fDi Markets 数据库”可知，中国企业向高收入（含中高收入）国家的投资中，有 65. 8%的项目是服务型投资，34. 2%是生产型投资；向低收入（含中低收入）国家的投资中，有 39. 6%是服务型投资，60. 4%是生产型投资。

由此可知，服务型对外直接投资很可能对企业的升级产生较大的影响。鉴于服务型投资是中国对外直接投资的主力以及企业升级在经济增长中的重要作用，深入探讨服务型对外直接投资如何影响企业升级的问题就显得尤为重要。它不仅能使政府和学术界较为清晰地认识到“走出去”战略带动企业升级的真正驱动力，而且对进一步完善对外直接投资政策机制以实现中国企业升级具有重要参考价值。

二、研究问题

本书研究的核心问题是：服务型对外直接投资对中国企业升级产生了怎样的影响？借鉴既有文献，本书将从“质”和“量”两个层面来对企业升级进行定义：“质”的层面主要指企业自主创新，“量”的层面主要指企业成长（对企业升级概念的界定详见第二章）。因此，要回答核心的问题就需要对以下两个关键问题展开深入探讨：

第一，服务型对外直接投资是否能促进中国企业创新？对不同类型企业产生的影响程度是否不同？哪种类型企业受到的影响最大？其影响路径又是什么？与生产型对外直接投资相比，服务型投资对企业创新的影响是更大还是更小？

第二，服务型对外直接投资会如何影响中国企业成长？是促进企业成长还是存在抑制作用？对不同类型企业的影响是否存在差异？产生这种差异的可能原因是什么？与生产型对外直接投资相比，服务型投资对企业成长的影响是否更大？若服务型对外直接投资对企业创新与企业成长都有促进作用，那么这两者之间是否存在一定的联系？即服务型对外直接投资带动的企业创新是否是其促进企业成长的重要渠道？

这些问题前人的研究少有涉及，本书将对此展开探索。

三、研究目的

服务业中蕴藏着较为丰富的知识、技术、人力资本等高级要素，服务型对外直接投资是发展中国家在国际市场上获取这些高级要素最直接的方式。中国作为发展中国家，也不例外，自2000年中国政府提出“走出去”战略以来，中国的对外直接投资尤其是服务型对外直接投资实现了迅猛增长。截至2018年底，中国对外直接投资存量排在全球国家（地区）第三位，其中，流向服务业的占比就高达77.3%。在此形势下，与直接检验对外直接投资的经济效应相比，深入研究服务型对外直接投资对中国企业升级的影响更有意义，它能从投资行业角度为“走出去”战略带动企业升级提供全新的解释。具体来看，研究目的包括如下几个方面：

第一，回顾并系统梳理对外直接投资、服务型对外直接投资方面的相关研究成果，从理论上分析服务型对外直接投资对企业升级“质”（企业创新）和“量”（企业成长）两个方面的可能影响机理并提出研究假设，为后续经验分析提供理论基础，同时也为异质性企业对外直接投资理论提供补充。

第二，构建服务型对外直接投资对企业升级（创新产出、企业成长）影响的计量模型，将“Wind数据库”的数据与本书首次整理的时间跨度长、信息丰富的“中国企业对外直接投资全新数据库”的数据进行匹配，基于匹配后的数据较为系统而全面地就服务型对外直接投资与企业升级之间的因果关系进行实证分析，进而从微观企业层面量化服务型对外直接投资对企业升级的具体影响，并实现对研究假设的检验。

第三，依据理论分析与实证研究得出的结论，为中国企业升级提供对外直接投资方面的政策参考。

四、研究意义

（一）理论价值

本书的理论价值在于：

第一，有利于拓展对外直接投资经济效应领域的研究。20世纪60年代以来，伴随着各国对外直接投资的快速发展，产生了一系列以发达国家的实践为基础的对对外直接投资经济效应进行的相关研究。已有的对外直接投资研究需依据现实情况而不断地进行修正与发展，对企业对外直接投资经济效应的认识也应根据实践而深化。发展中国家对外直接投资（尤其是服务型对外直接投资）的迅猛发展改变了全球范围内诸如设计、物流等高级生产要素的分配格局，这对原有的对外直接投资研究成果提出了挑战。本书在借鉴已有研究的基础上，结合中国企业对外直接投资的现实情况，从企业升级的视角对中国服务型对外直接投资产生的经济效应进行较为系统的研究，进一步充实和扩展发展中国家对外直接投资的经验研究文献，并提供来自发展中对外直接投资大国的经验证据。

第二，本书建立了服务型对外直接投资对企业升级影响的理论框架体系，为服务型对外直接投资影响企业升级的作用提供了较为清晰的分析逻辑。

（二）现实价值

在当前中国企业升级的重要时期，本书还具有如下现实价值：

第一，为中国“走出去”战略下服务型对外直接投资促进企业升级的效果提供实证依据。中国进入对外直接投资的领域较晚，2000 年中国政府意识到对外直接投资的重要性，提出“走出去”战略。中国政府对待对外直接投资的态度发生了转变：从最初的限制对外直接投资逐渐转变为放松管制和鼓励投资。随着“走出去”战略的推进，中国对外直接投资实现了飞速扩张。本书发现，在对外直接投资中，服务型投资能够明显促进企业升级，而且其促进企业升级的效果要高于生产型投资；该差异揭示了在通过“走出去”战略促进企业转型升级过程中服务型投资的重要地位，为中国如何更好地借助“走出去”战略来推动国内企业升级提供了参考，为中国持续深化“走出去”战略，尤其是激励企业向海外投资服务业，以助力中国实现经济的高质量发展增强了信心。

第二，为促进中国企业升级提供对外直接投资政策方面的启示。如何促进企业升级关系到一国能否实现经济的高质量发展，是当前摆在中国面前的重大课题。本书在理论分析的基础上，基于企业层面的微观数据，使用可靠的计量分析方法详细探讨了服务型对外直接投资对企业升级的影响。考虑到企业在投资模式、投资东道国等方面具有明显的异质性，本书还详细考察了不同类别的企业从服务型对外直接投资中获益程度的差异，得到了较为可信的结论。本书对政府今后如何有效地制定与实施对外直接投资政策来促进企业升级提供了有益启示。

第二节　研究思路与研究方法

一、研究思路

本书的分析思路为：首先，对本书的核心关键词“服务型对外直接投资与企业升级”的概念加以界定，并对目前有关对外直接投资、服务型对外直接投资经济效应的研究进行梳理和述评；其次，结合现有文献就服务型对外直接投资对企业升级的影响进行理论分析，识别出服务型对外直接投资影响企业创新及其成长的不同路径；再次，构建计量模型来进行实证检验；最后，根据服务型对外直接投资对中国企业升级的具体影响提出政策建议。

基于上述思路，本书的内容共包括如下6个部分：

第一章是导论。本章主要介绍研究背景、研究问题、研究目的、研究意义、研究思路、研究方法和主要创新点。

第二章是文献综述。本章首先对“服务型对外直接投资与企业升级”的概念进行了界定；其次，简要回顾了对外直接投资对经济活动作用的相关研究，主要从技术进步与企业成长的视角展开；再次，对服务型对外直接投资的相关文献进行了归纳，着重梳理了企业异质性与服务型对外直接投资的关系、服务型投资对东道国和母国的影响方面的研究；最后，对上述研究成果进行了简要的评述。

第三章是理论分析与研究假设。本章对服务型对外直接投资影响企业升级的具体作用机理进行了细致分析，并提出了研究假设。具体而言，本章首先从理论上分析了服务型投资影响企业自主创新（企业升级“质”的方面）的可能传导机制，主要包含三个路径：一是“市场规模效应”，即服务型对外直接投资能够通过降低企业贸易成本、拓展企业海外市场而增加企业的创新激励，进而促进企业自主创新；二是“资金流效应”，即服务型投资能够通过增加企业可用的内部资金而缓解企业在创新过程中所面临的融资约束难题，带动企业加大研发投入，进而实现自主创新；三是“创新资源流通效应”，即向海外投资诸如研发、管理、咨询等服务部门能够使企业直接获取前沿技术知识、人力资本等全球创新资源，带动企业创新能力的提升。

然后，本章又从理论上对服务型对外直接投资影响企业成长（企业升级“量”的方面）的可能机理进行了分析，主要包括两个路径：一是“创新效应”。既有研究表明创新是企业竞争优势的源泉（Solow，1957），能够助力企业成长（Hall，1987；Yasuda，2005）。因此，从供给角度来看，服务型对外直接投资可能通过促进企业创新而带动自身成长。二是“需求效应”。在海外设立服务部门使企业拥有了更广阔的市场（国内市场+国际市场），外部市场需求的增加能够刺激企业扩大生产规模。因此，从需求角度来看，服务型对外直接投资可以通过扩大外部需求而促进企业成长。

第四章是服务型对外直接投资对企业升级“质”的影响：基于企业创新

视角的实证分析。本章利用“BvD Zephyr 数据库”和“fDi Markets 数据库”构建了“中国企业对外直接投资全新数据库”，将该数据库的数据与“Wind 数据库”“中国创新专利研究数据库”的数据匹配的 2002—2017 年中国非金融类上市企业面板数据开展了实证分析。首先，利用倾向得分匹配法（propensity score matching，PSM）与双重差分法（difference-in-differences，DID）为服务型对外直接投资对企业自主创新的积极作用提供了经验证据，证明了第三章提出的研究假设 1。其次，通过改变自主创新水平测度指标、随机抽取构建虚假的处理组和对照组、改变匹配比例、改用混合负二项模型和零膨胀负二项模型等对实证结果进行了稳健性检验，并进一步考察了不同组别企业服务型对外直接投资对其自主创新水平的不同影响。再次，基于中介效应模型和分组回归的方式对服务型投资促进企业自主创新水平提升的三个路径进行了检验，证明了第三章提出的假设 2、假设 3 和假设 4。最后，利用多期 DID 模型、连续型 DID 模型就服务型投资对企业自主创新的影响进行了动态效应分析和投资强度分析，并进一步比较了服务型投资与生产型投资对企业创新的影响差异。

第五章是服务型对外直接投资对企业升级“量”的影响：基于企业成长视角的实证分析。本章沿用第四章中的 2002—2017 年中国非金融类上市企业面板数据来进行实证检验，主要利用企业产出规模的变化来衡量企业成长。首先，利用倾向得分匹配法和双重差分法验证了服务型对外直接投资对企业产出的促进作用，为第三章提出的假设 5 提供了经验证据。其次，通过改变企业成长的测度指标（改用企业雇用的劳动力人数、固定资产投资额、产出增加值增长率等），采用安慰剂检验等其他方式验证了实证结果的可靠性，并进一步通过异质性检验考察了服务型投资对不同组别企业产出的不同影响。再次，通过构建中介效应模型验证了服务型对外直接投资影响企业产出的两个可能路径，以证明第三章提出的研究假设 6 和研究假设 7。最后，就服务型投资对企业产出的影响进行动态效应分析、投资强度分析，并对比了其与生产型投资产出效应的大小，以期得到更有价值的结果。

第六章是全书总结、政策启示与研究展望。本章对全书的研究结论进行了总结，并针对研究结论提出了政策建议，最后对本领域未来的研究方向进行了展望。

全书的研究框架如图 1-1 所示。

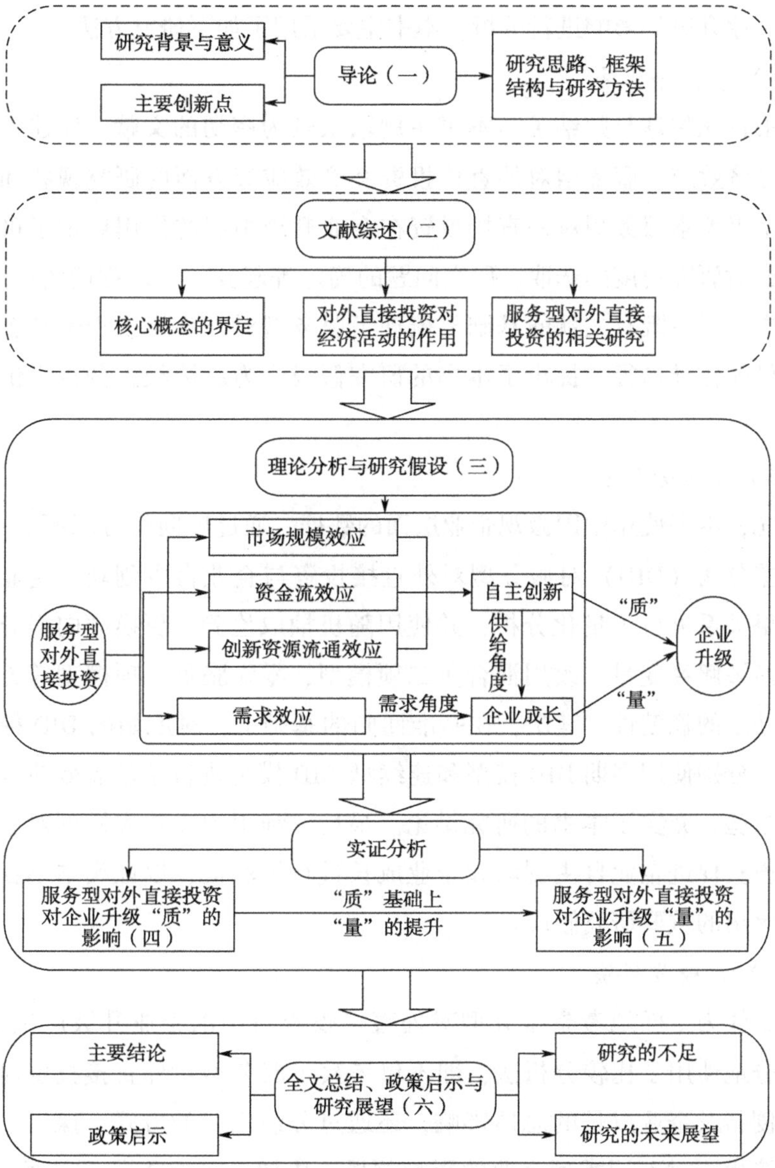

图 1-1　本书的研究框架

二、研究方法

本书试图从理论上和实证上来考察服务型对外直接投资对中国企业升级的影响，在既有研究的基础上，厘清服务型投资影响企业升级的传导机制，并使用中国企业微观层面的数据进行实证检验，力求从不同的角度对服务型投资对企业升级的影响进行分析。本书主要采用了如下研究方法：

（一）规范分析法

本书首先整理与归纳了与本书主题联系较为密切的文献，评述了对外直接投资经济效应、服务型对外直接投资经济效应等方面的研究现状和核心成果，为本书考察服务型对外直接投资在企业升级中起的作用奠定了可靠的研究基础，对研究角度的选取、研究问题的确定等起到了一定程度的助力作用。同时，本书还在既有文献的基础上梳理了服务型对外直接投资带动企业转型升级的可能传导途径，提出了本书的研究假设，为后续经验分析提供了理论支持。

（二）实证分析法

首先，本书使用中国微观企业层面的数据，通过倾向得分匹配法（PSM）与双重差分法（DID）对服务型对外直接投资与企业自主创新、企业成长之间的因果关系进行了量化分析，并使用随机抽取检验、更换倾向得分匹配比例、替换被解释变量、改用混合负二项模型、零膨胀负二项模型等方法验证了基准结果的稳健性。其次，在基准回归的基础上，对原始的DID模型进行了扩展，分别使用多期DID模型和连续型DID模型进行了动态效应检验与投资强度检验，充实了本书的研究结论。最后，利用中介效应模型对服务型对外直接投资促进企业自主创新和企业成长进行了验证，以证实本书在理论分析部分提出的重要研究假设。

（三）比较分析法

为了较为全面地考察服务型对外直接投资对中国企业升级产生的影响，本书充分地使用了比较分析法，即不仅考察了服务型对外直接投资对中国企业自主创新及企业成长的总体影响，还通过分组回归的方式，探讨了服务型对外直接投资对不同类型企业的影响差异。比如：在投资模式方面，本书将总样本分为绿地投资和跨国并购两个子样本；在管理效率方面，本书将总样本分为高管理效率企业和低管理效率企业两组子样本等。在分组的基础上，细致地对比考察服务型对外直接投资对不同组别企业的不同影响，然后结合现有文献与中国的现实情况，就造成上述差异的原因进行深入的分析，进一步充实本书的研究结论。

第三节 主要创新点

与以往文献相比，本书主要的创新点如下。

第一，首次形成了服务型对外直接投资促进母国企业升级的理论分析框架。现有文献在对外直接投资对母国产生的经济效应方面进行了大量的研究，有部分学者致力于考察批发零售等与企业分销相关的贸易类服务型对外直接投资对母国企业贸易的影响，但围绕服务型对外直接投资整体展开的研究较少，就其对母国企业升级影响的研究更是鲜有涉及。针对现有研究的空缺，本书结合已有研究中关于企业升级的基本定义，梳理并深入剖析了服务型对外直接投资影响企业升级的作用机理，分别基于企业升级的“质”（企业创新）和“量”（企业成长）的视角来展开严谨的逻辑推演，并提出了相应的研究假设，从而形成了服务型对外直接投资影响企业升级的理论分析框架。这不仅丰富和扩展了关于服务型对外直接投资与母国企业绩效关系的理论研究视角，而且为服务型对外直接投资经济效应领域未来的研究提供了一个全新的分析思路。

第二，拓展了有关企业对外直接投资经济效应问题的研究。既有研究聚焦于对外直接投资整体对母国企业产生的影响，在中国情境下，有部分文献得到了对外直接投资能够促进母国企业技术进步和成长的结论；本书对该类文献的研究结论进行了拓展，从投资行业的角度对这种现象进行了全新的解释。本书发现，服务型投资会促进企业自主创新，而且比生产型投资产生的影响更大。当前中国向海外进行的投资中，服务型投资所占的比重较大，因此对外直接投资总体上呈现出能够促进母国企业技术进步和成长的效果。此外，本书还通过理论分析和实证量化分析厘清了服务型对外直接投资影响企业升级背后的传导机制，深化了对现有研究的认识。

第三，首次整理了较为全面可靠的中国企业服务型对外直接投资基础数据。现有中国企业对外直接投资研究方面最常用的是商务部公布的《境外投资企业（机构）名录》（以下简称《名录》）（蒋冠宏，2015；李磊等，2016；李磊等，2018；毛其淋、许家云，2016；田巍、余淼杰，2017；周茂等，2015），以及商务部、国家统计局、国家外汇管理局联合发布的《中国对外直接投资统计公报》（以下简称《公报》）。《名录》包含有进行对外直接投资的境内投资主体名称（即母公司名称）、境外投资企业或机构的名称、母公司所属省份、标的国（或地区）、投资年份、经营范围等信息，但这些信息不能用来准确判断企业在海外投资的是何种服务行业（抑或是否为服务业）[①]，而且缺乏进入模式（跨国并购还是绿地投资）、投资金额等重要信息，因此仅依据《名录》提供的信息无法实现对服务型对外直接投资和企业绩效关系的考察，也无法更为深入地开展关于中国企业服务型对外直接投资的其他重要问题的研究。《公报》尽管可以明确区分投资行业类别并含有投资金额等信息，但其仅公布行业和国家层面的宏观数据，不适合进行企业层面的研究。而本书则从对外直接投资模式的角度入手，以“BvD Zephyr 数据库”和“fDi Markets 数据库”中关于企业对外直接投资项目详细的记录条目为依据，首次整理了含有中国企业对外直接投资行业、投资金额、投资模式等详细信息的“中国企业对外直接投资全新数据库”，将该数据库与“Wind 数据库”匹配，不仅可以实现本主题的研究目的，也为后续服务型对外直接投资领域的相关研究提供了重要的数据保障。

第四，基于中国微观企业层面数据，综合使用多种计量方法，对服务型对外直接投资的企业升级效应进行了较为深入而全面的经验检验。在计量方法方面，同多数文献一样，如何控制样本选择偏差和内生性问题是保证结果可靠的关键，本书主要采用倾向得分匹配（PSM）与双重差分（DID）相结合的方法有效地鉴别了服务型对外直接投资和企业升级之间的因果关系；同时，还根据数据特征使用混合负二项、零膨胀负二项模型对基准结论进行了二次验证，使得结果具有可信性。从经验检验的内容及结果来看，不仅检验了服务型对外直接投资对中国企业升级的总体效应、动态效应、投资强度效应及传导机制，而且检验了其对不同类别企业升级行为的影响差异。得出的基本结论证实了中国企业能够借助服务型对外直接投资实现自身升级的观点，具有一定的前瞻性，能够深化对中国企业服务型对外直接投资实践的

① 《名录》中未列出子公司所属行业的信息，尽管“经营范围”一项对子公司的境外活动进行了描述，但该信息并未就子公司的主要和次要活动进行划分，从而无法使用该信息精确判断子公司所属行业。例如，重庆长安汽车股份有限公司 2013 年在俄罗斯进行的投资中，经营范围的描述为“生产、组装汽车；汽车及配套零部件、夹模具和技术的进出口；汽车销售与售后服务”，对此既可以归为制造业，也可以归为服务业。

认识。多层次的分析（基准分析、动态效应分析、投资强度分析、异质性分析等）还为切实提高中国“走出去”战略的政策效果提供了必要的实践证据支持。

第二章　文献综述

本章首先对服务型对外直接投资及企业升级的概念进行了界定。其次，在简要回顾发达国家与发展中国家对外直接投资理论的基础上，总结了对外直接投资与技术进步、企业成长之间关系的文献。再次，系统梳理了与服务型对外直接投资相关的研究，主要包括三个方面：一是企业异质性与服务型对外直接投资的关系，二是服务型对外直接投资对东道国的经济效应，三是服务型对外直接投资对母国经济的影响。最后，梳理了当前与研究主题最为相关的几篇涉及服务型对外直接投资对企业创新和企业成长影响的文献，并对已有的研究进行了简要评述。

第一节　核心概念的界定

一、服务型对外直接投资

外商直接投资（foreign direct investment，FDI）主要指一个经济体的企业（投资方）为获得另一个经济体企业（标的方）的长期权益而进行的投资。投资方的目的在于得到标的方的控制权或主导权，进而对标的方的管理产生一定程度的影响力（UNCTAD，2009）。根据投资方向的不同，外商直接投资又可以分为对外直接投资（outward foreign direct investment，OFDI）和对内直接投资（inward foreign direct investment，IFDI）两种，前者是国内资本的流出，后者是国外资本的流入。以中国为例，对外直接投资主要指中国向中国以外的其他国家（或地区）进行的直接投资，对内直接投资主要指中国以外的其他国家（或地区）向中国进行的直接投资。

企业在对外直接投资时，投资方与标的方所属行业不一定相同。投资方为服务业的，一般被称为服务业对外直接投资（李磊等，2017）；标的方为服务业的，称法则不一，有的文献简单地将其也称为服务业对外直接投资（康灿华、苏芳，2006），而有的文献为了较为明显地体现出“标的行业”的视角，将其称为服务类型对外直接投资，简称为“服务型对外直接投资”（或“服务型投资”）（田巍、余淼杰，2017）。考虑到本书研究的主要是标的方行业为服务业的情况，为了避免与投资方行业为服务业的情况相混淆，本书定义服务型对外直接投资为一国企业在海外投资的行业为服务业的对外直接投资。

二、企业升级

“升级”一般指对经济生产进行质的改进。它可用于不同的分析单元，如企业、产业甚至国家（Reeg，2013）。其中，单个企业进行的升级被称为企业升级，与之相对应，产业或国家进行的升级则分别被称为产业升级和国家升级。国家升级一般用于发展中国家，其内涵最为广泛。以中国为例，中国的经济升级不仅包括经济体制的升级，还包括产业的升级、环境的升级、发展动力的升级等，其目标是助力本国经济更高效、更可持续发展（林兆木，2014）。产业升级是一国经济升级的重点内容（刘仕国等，2015），从宏观意义上来看，产业升级主要指产业结构升级，即产业结构由以劳动密集型为主导转变为以资本密集型、技术密集型为主导（Poon，2004；Porter，1990；李静、楠玉，2019）。

企业是市场经济中的微观主体，因此，企业升级是产业升级和国家升级的基础（李永友、严岑，2018；王桂军、卢潇潇，2019）。但是，目前学术界对企业升级的定义并没有达成一致的意见。格雷菲（Gereffi，1999）认为，当一个企业不再生产廉价、简单的产品，转而生产资本和技术密集度更高的昂贵而复杂的产品时，就代表其实现了升级。蓬（Poon，2004）也认为，企业不再生产附加值比较低的劳动密集型产品，转而生产附加值比较高的资本密集型或技术密集型产品，就代表其实现了升级。然而，有学者认为劳动密集、资本密集及技术密集与企业是否实现了升级并没有任何关系，只要企业通过创新提升了自身产出品或服务的附加值，那么就代表它实现了升级（Pietrobelli & Rabellotti，2009）。瑞格（Reeg，2013）在比较学术界对企业升级的不同定义后指出，企业升级应该包括两方面的内容：一是企业创新，它可以反映企业升级“质”的方面；二是企业成长，它可以反映企业升级

"量"的方面，并将企业升级定义为企业创新带动的企业成长。需要注意的是，一方面，企业升级"质"的提升并不一定导致其"量"增长，比如，当市场竞争较为激烈（或企业处于知识产权保护程度较低的市场环境中）时，企业的创新活动不一定能为其带来较高的创新溢价，也不一定能促进企业成长；另一方面，企业升级的"量"有所增长也不一定是由其"质"的提升所致，例如外部市场需求规模的扩张、政府给予了特殊保护等状况也会促进企业扩大产出规模，进而实现成长。由此可知，瑞格（Reeg，2013）所定义的企业升级有三方面的内涵：一是创新水平要有所提升，二是要实现企业成长，三是企业成长应主要由创新所驱动。

在中国的情境下，将企业升级简单地定义为由生产劳动密集型产品转为生产资本或技术密集型产品的观点并不合适，因为中国人口众多，劳动力资源存在富余，如何实现充分就业一直是中国面临的重要社会问题，在此背景下，再极力追求生产资本密集型或技术密集型产品与当前中国的国情并不相符（李林木，汪冲，2017）。而瑞格（Reeg，2013）对企业升级的定义则较好地顾全了中国劳动力富余的国情与企业升级的本质。有鉴于此，本书将借鉴瑞格（Reeg，2013）的思路，着力从企业创新、企业成长这两个角度来刻画企业升级，即将企业升级定义为企业创新带动的企业成长，因此，本书中关于企业升级的衡量具备"质"和"量"两个层面。

三、企业创新与企业成长

（一）企业创新

熊彼特创新理论指出，"创新"就是建立一种全新的、不曾使用过的生产函数，即将生产要素与生产条件重新进行组合搭配，并将这个"新组合"引进生产体系。这里的"新组合"实质上就是指一种新的经济关系，而生产函数便是这种经济关系的具体表现。熊彼特还进一步强调，这种"新组合"是间断且非连续地出现的。

因此，寻找"新组合"对创新而言意义重大。而"新"的实现需要对未知领域进行大量探索，能否成功以及期限长短都是无法预测的，需投入足够的资金、聘用大批研究型人才等来支撑。这种企业在开展创新项目进程中所投入的财力、人力等被称为企业的创新投入；与之相对应，通过开展创新活动得到的最终创新成果则被称为企业的创新产出。关于创新成果，现有研究有广义和狭义两种理解。从狭义上来看，创新成果主要指能够实现市场化的新产品、新专利等，从广义上来看，则进一步包含了新想法、新理念等。对比而言，广义创新成果的定义在研究中不具有可应用性，因而既有文献在衡量创新成果时大多使用其狭义的概念（冯文娜，2010）。尽管创新投入和创新产出都能反映企业的创新水平，但二者并不等价，创新投入的多寡反映的是企业开展创新项目的意愿强弱，它是企业顺利开展创新活动的前提与基础，而创新产出反映的则是企业对各种创新投入的利用情况，它体现了企业开展创新活动的质量（Liu & Qiu，2016）。因此，本书在第四章中主要使用创新产出（专利申请数）来测度企业自主创新水平。

（二）企业成长

在一个竞争性的市场环境中，有的企业能够幸运地存活并逐步扩大自身规模、抢占更大的市场份额，但也有企业会缩小自身规模甚至被挤出市场。张维迎等（2005）指出，企业展现出的这种规模变化就是企业成长的具体表现。事实上，因研究角度的差异，现有文献对企业成长的定义并不相同。比如，古典经济学家认为，企业成长就是指企业在规模上进行的一种扩张，其目的在于实现规模经济。产业组织理论的学者认为，企业采取的行为一般有一定的战略意义，当企业拥有的市场份额增多时，就代表其实现了成长（Bain，1959）。新古典经济学和新制度经济学理论中尽管没有企业成长的概念，但可以从其框架中衍生出企业成长的定义。在新古典经济学的框架内，企业成长可以定义为企业产出规模的增长，在新制度经济学理论的框架内，企业为了降低交易费用而扩大自身规模就可以认为企业实现了成长（张焕勇，2007）。在其他的理论中，还有学者认为，企业成长不仅仅包括规模上的扩大，还包括企业结构上的革新、要素整体质量方面的提高等（杨文斌，2006）。

总之，目前关于企业成长并没有一致的定义，但比较统一的一点是大多将企业规模的扩张作为企业成长的具体表现之一。考虑到本书主要用企业成长来反映企业升级方面“量”的变化，本书认为使用企业规模的扩张来定义企业成长与研究主题更为契合。具体来看，当企业规模扩大时，代表其实现了成长，反之则代表其未能实现成长。

第二节 对外直接投资对经济活动的作用

一、对外直接投资理论的发展演变

对外直接投资理论主要研究各国对外直接投资的动因及条件。第二次世界大战以后，发达国家开始大规模向海外进行直接投资，与之相伴随也产生了一系列主流的对外直接投资理论。其中，垄断优势理论可以称为对外直接投资理论初步形成的标志。该理论认为，企业之所以会进行对外直接投资，是因为它拥有一定的垄断优势，这些优势的存在使其能够在不完全竞争的国际市场上得到高于其国内市场上的利润，即垄断优势所带来的利润激励着企业向海外投资。然而，该理论是基于静态角度展开的分析，并不能从动态的视角阐明企业对外直接投资的形成过程。美国学者弗农提出的产品生命周期理论使用动态分析的方法揭示了企业对外直接投资的具体形成过程，弥补了垄断优势理论仅仅是基于静态分析的局限性。20 世纪 70 年代后，针对发达国家的对外直接投资理论呈现出了百家争鸣的态势，出现了内部化理论、边际产业扩张论、国际生产折中理论等多种理论。

20 世纪 80 年代开始，发展中国家也大举向海外进行直接投资。以往的对外直接投资理论多数是专门针对发达国家而展开的，如何解释发展中国家的对外直接投资行为成为当时学术界的热点，也诞生了诸多新的理论。例如，美国学者威尔斯提出了小规模技术理论，该理论指出，发展中国家技术水平较为落后，难以凭借自身绝对的竞争优势向海外投资，但其却具备专门服务于小市场的相对比较优势，正是这样的相对比较优势驱动着发展中国家向海外直接投资。英国学者拉奥提出了技术地方化理论，该理论指出，发展中国家所使用的技术中蕴藏着创新思想，这种创新思想来源于消化、引进发达国家的技术，正是这种创新活动给发展中国家的企业带来了国际竞争优势，使其能够向邻国进行直接投资。小规模技术理论从生产技术的角度来解释发展中国家对外直接投资现象，技术地方化理论则更强调技术再生的作用。这两个理论都是基于静态的视角来阐明发展中国家对外直接投资现象的，都不能揭示发展中国家对外直接投资的形成过程。邓宁则将对外直接投资折中理论动态化，从经济发展水平的角度来阐明对外直接投资的变动进程，提出了投资发展阶段理论。但是，该理论无法解释现实中部分经济发展水平落后国家进行对外直接投资的现象。

二、对外直接投资与技术进步

对外直接投资对经济活动的作用也是对外直接投资领域研究的重要内容之一。国内外学者已经在该领域进行了大量的研究，结合本书的研究主题，这部分将主要从技术进步的层面来梳理相关文献。新古典经济增长理论以及内生增长理论都指出，技术进步是实现经济长期稳定增长的重要条件。鉴于技术进步对经济增长的重要作用以及经济全球化的深入发展，有众多学者研究了技术知识跨国界流动的问题，重点考察了国际贸易及跨国投资与技术进步的关系。其中，早期的研究聚焦于贸易作为技术知识跨国流动的媒介对技术进步的影响，随着发达国家向海外投资规模的扩张，学者们开始关注对外直接投资作为技术知识传递媒介对东道国经济的作用。之后，越来越多的发展中国家也逐渐参与到对外直接投资活动中来，学者们开始关注技术知识通过对外直接投资从东道国向母国逆向流动的问题，并围绕对外直接投资对母国技术进步的影响展开了广泛研究。最先对这一问题进行探索性研究的是科格特和张（Kogut & Chang，1991），他们基于1976—1987年日本的数据研究发现，日本更倾向于以合资的方式向美国投资研发密集度比较高的行业，从而推测日本向美国投资的动机主要是获取美国的研发技术以提升自身的技术水平。随后，山脇（Yamawaki，1994）同样发现，日本向美国进行投资主要就是为了获取技术。福斯弗瑞和莫塔（Fosfuri & Motta，1999）通过构建对外直接投资决策的古诺模型，从理论上得出了对外直接投资是缺乏技术优势的企业获取国外前沿技术知识的有效途径的结论。此外，还有诸多学者使用详细的数据对对外直接投资与母国技术进步的关系进行了考察，主要检验了对外直接投资对母国生产率和创新的影响。接下来，本书将主要围绕这两方面来回顾相关文献。

（一）对外直接投资与生产率

对外直接投资是促进还是阻碍了母国生产率水平的提升？学者们对这个问题进行了大量研究，但尚未得到一致的研究结论。例如，有学者认为，对外直接投资能够通过使投资方完全融入东道国的创新环境、直接获取海外前沿技术知识而促进母国生产率增长（Potterie & Lichtenberg，2001）。也有学者则更进一步，认为除了获取国外研发知识以外，通过向低成本国家投资来转移国内低附加值活动同样有助于国内生产率的增长（Driffield，2009）。有研究发现，英国国内部门的技术会外溢到向英国进行直接投资的外国跨国企业，此效应在研发密度比较高的行业更为明显（Driffield & Love，2003）。众多学者的研究也都发现，对外直接投资有显著的生产率提升效应（Driffield & Michelle Chiang，2009；Li & Hu，2013；Yang et al，2013；Navaretti & Castellani，2004；Kimura & Kiyota，2006）。相比之下，只有较少的文献发现对外直接投资没有显著促进母国生产率增长。例如，海曾基于1995—2002年日本的数据研究发现，对外直接投资没有对企业生产率产生显著的影响（Hijzen et al，2007）。布拉科尼耶对瑞典（Braconier，2001）、克莱纳特和托拜耳对德国（Kleinert & Toubal，2007）、比泽尔和凯瑞克斯对经济合作与发展组织（简称“经合组织”，即 OECD）17 个国家的研究（Bitzer & Kerekes，2008）也发现，对外直接投资没有产生明显的生产率效应。此外，还有一些文献认为，对外直接投资的生产率效应具有混合性，认为它不仅会因研究母国的不同而存在差异（Bitzer & Görg，2009），还会受到东道国收入水平的影响（Hijzen et al，2011；Navaretti et al，2010）。

近几十年来，发展中国家对外直接投资规模日益扩大，针对发展中国家对外直接投资生产率效应的研究开始增多。例如，瓦特和美索使用1995—2002年爱沙尼亚企业层面的数据研究发现，向海外投资能够显著促进母公司生产率水平的提升（Vahter & Masso，2005）。赫策研究发现，对外直接投资对发展中国家全要素生产率具有长期的正向促进作用（Herzer，2011）。

国内在对外直接投资与生产率方面的相关研究也取得了较大的成绩，学者们分别从宏观、中观、微观三个层面对这个问题进行了考察：在宏观层面，较早提出并系统考察中国对外直接投资对母国技术进步影响的首推赵伟等学者，他们明确地指出了对外直接投资影响技术进步的四个渠道：研发成本分摊、研发成果反馈、逆向技术转移及外围技术研发剥离（赵伟等，2006）。然后他们使用1985—2004年中国宏观层面的数据，实证检验了中国对外直接投资对母国生产率的影响，结果显示两者之间呈显著的正相关关系。刘宏和张蕾（2012）、谢申祥等（2009）、邵玉君（2017）也都使用国家层面的数据得到了对外直接投资能够显著促进中国生产率提升的结论。此外，还有为数不多的学者发现，就国家层面来看，对外直接投资并没有对中国生产率产生促进作用（李梅，2010；王英、刘思峰，2008）。在中观层面，学者们得到的结论也不尽相同（李梅、柳士昌，2012；刘明霞，2010；尹东东、张建清，2016）。在微观层面，学者们使用详细的企业数据得到了更为丰富的结论。袁东等（2015）使用2002—2008年中国工业企业数据研究发现，对外直接投资显著促进了母公司生产率的增长，而且这一效应会随着时间的推移而上升，并进一步指出，生产率提升效应会因母公司特征、投资东道国的不同等而出现差异。蒋冠宏和蒋殿春（2014）基于匹配和双重差分的思想，利用2004—2006年中国工业企业数据研究发现，对外直接投资显著促进了母公司生产率水平的提升。

（二）对外直接投资与创新

随着与创新相关数据可获得性的提高，学者们开始实证检验对外直接投资与创新的关系。创新和全要素生产率都是衡量技术进步的常用指标，但从本质上来看，两者并不等同，生产率提升并不能等同于创新水平的提高。根据基本定义，全要素生产率是指资本、劳动和中间投入转化为最终产出的总体效率（鲁晓东、连玉君，2012），它包含了所有不能被投入要素解释的产出增加。因此，生产率的提升既有可能是创新的结果，也可能与创新完全无关，因为技术转移或生产资源实现了重新配置（李兵等，2016）。对外直接投资对生产率的影响是否是创新引致的结果需要进一步分析，在这个领域，早期的研究主要围绕发达国家展开。例如，格洛伯曼（Globerman et al，2000）认为，对外直接投资能够通过劳动力流动、产业关联效应及示范效应等来促进母国创新水平的提升，并使用1986年瑞典国家层面的数据对这一推测进行了验证，结果显示：对外直接投资确实是国外技术向瑞典国内企业传播进而提升其创新水平的重要渠道；他们还进一步发现，对外直接投资不仅会对跨国企业产生影响，还会通过跨国企业在国内的技术溢出而对国内未曾对外直接投资过的中小企业产生影响。布兰施泰特使用1980—1997年日本189家企业向美国直接投资的数据研究发现，对外直接投资是日本企业利用美国技术网络的有效途径，它能使日本企业获得来自美国本土企业的知识溢出，进而提升企业自身的创新水平；他还进一步指出，研究开发类的投资对创新的影响最大（Branstetter，2006）。

基于发展中国家的研究也大多得出了对外直接投资能促进国内创新的结论。普拉丹和辛格以印度汽车行业的436家企业为分析对象，研究发现，对外直接投资有助于印度企业获取国外前沿技术知识和市场信息，进而促进了其研发创新水平的提升（Pradhan & Singh，2009）。有学者认为，向海外进行投资的新兴市场跨国企业通常会为了提高自身吸收和配置海外知识的能力以及将外部知识与现有知识相结合的能力，而增加母公司的研发投入，他们使用2000—2008年20个新兴市场国家493家跨国企业的数据对这一推测进行了验证，结果显示，向技术资源较为丰富的发达国家投资确实会引起新兴市场跨国企业增加其在国内的研发支出（Chen et al，2012）。从国内的文献来看，李平和史亚茹（2019）利用2003—2015年中国省份层面的数据研究发现，对外直接投资能显著促进国内技术水平的提升，但是这种影响因区域的不同而异，其中，东部区域的创新促进效应最大，中部区域次之，西部区域则未产生这种作用。殷朝华等（2017）使用2004—2014年中国省份层面的数据得出了相反的结论，他们发现，对外直接投资显著阻碍了国内创新，并指出：国内金融发展水平低下是阻碍对外直接投资技术进步效应发挥的重要原因。还有学者从企业层面的微观视角分析对外直接投资对创新的影响。例如，陈菲琼和虞旭丹（2009）指出，中国企业向发达国家进行投资会通过研发、收益、海外子公司本土化反馈及跨国投资的公共效应而促进母公司创新，并以万向集团对外直接投资作为典型案例进行了分析。常玉春（2011）、赵宸宇和李雪松（2017）、毛其淋和许家云（2014）也都发现，对外直接投资显著促进了中国企业创新水平的提升。

通过上述就对外直接投资对母国生产率和创新影响效应文献的分类总结可知，实证考察对外直接投资技术进步效应的相关文献在研究对象、研究时间段、计量方法等方面存在着不同，得到的研究结论也不尽相同。为了便于直观地展示对外直接投资技术进步效应的研究结果，本书将相关的文献列于表2-1中。通过对比可以看出：首先，从研究主题来看，与创新相比，更多文献考察的是对外直接投资对母国生产率的影响；其次，从研究结论来看，现有文献对于对外直接投资技术进步效应的检验并未取得一致的结论，大多数文献认为存在技术进步效应，仅有少数文献认为不存在技术进步效应或技术进步效应具有混合性特征。

表2-1　对外直接投资技术进步效应的相关经验研究文献

作者	研究样本	研究视角	研究时间段	指标	技术进步效应
Kogut & Chang（1991）	日本	行业	1976—1987年	/	有（推测）

续表

作者	研究样本	研究视角	研究时间段	指标	技术进步效应
Yamawaki（1993）	日本	企业	1980—1990年	/	有（推测）
Fosfuri & Motta（1999）	/	/	/	/	有
Potterie & Lichtenberg（2001）	美国、日本和11个欧洲国家	国家	1971—1990年	生产率	有
Driffield et al（2009）	英国	行业	1987—1996年	生产率	有
Driffield & Love（2003）	英国	行业	1984—1992年	生产率	有
Driffield & Michelle Chiang（2009）	中国台湾地区	行业	1995—2005年	生产率	有
Li & Hu（2013）	中国台湾地区	企业	1989—1996年	生产率	有
Yang et al（2013）	中国台湾地区	企业	1987—2000年	生产率	有
Navaretti & Castellani（2004）	意大利	企业	1993—1998年	生产率	有
Braconier et al（2001）	瑞典	企业、行业	1978、1986、1990及1994年	生产率	没有
Hijzen et al（2007）	日本	企业	1995—2002年	生产率	没有
Kimura & Kiyota（2006）	日本	企业	1994—2000年	生产率	有
Kleinert & Toubal（2007）	德国	企业	1997—2003年	生产率	没有
Bitzer & Kerekes（2008）	OECD	行业	1973—2000年	生产率	没有
Bitzer & Görg（2009）	OECD	行业	1973—2001年	生产率	没有
Hijzen et al（2011）	法国	企业	1987—1999年	生产率	不确定
Navaretti et al（2010）	法国、意大利	企业	1993—2000年	生产率	不确定
Herzer（2011）	33个发展中国家	国家	1980—2005年	生产率	有
Vahter & Masso（2005）	爱沙尼亚	企业	1995—2002年	生产率	有
赵伟等（2006）	中国	国家	1985—2004年	生产率	有
刘宏、张蕾（2012）	中国	国家	1987—2009年	生产率	有
谢申祥等（2009）	中国	国家	1982—2007年	生产率	有
邵玉君（2017）	中国	国家	2004—2015年	生产率	有

续表

作者	研究样本	研究视角	研究时间段	指标	技术进步效应
王英、刘思峰（2008）	中国	国家	1985—2005 年	生产率	没有
李梅（2010）	中国	国家	1985—2008 年	生产率	没有
刘明霞（2010）	中国	省份	2003—2007 年	生产率	有
李梅、柳士昌（2012）	中国	省份	2003—2009 年	生产率	没有
尹东东、张建清（2016）	中国	省份	2003—2012 年	生产率	没有
袁东等（2015）	中国	企业	2002—2008 年	生产率	有
蒋冠宏、蒋殿春（2014）	中国	企业	2004—2006 年	生产率	有
Globerman et al（2000）	瑞典	国家	1986 年	创新	有
Branstetter（2006）	日本	企业	1980—1997 年	创新	有
Pradhan & Singh（2009）	印度	企业	1988—2008 年	创新	有
Chen，Li & Shapiro（2012）	新兴经济体	企业	2000—2008 年	创新	有
李平、史亚茹（2019）	中国	省份	2003—2015 年	创新	有
殷朝华等（2017）	中国	省份	2004—2014 年	创新	没有
陈菲琼、虞旭丹（2009）	中国	企业（案例分析）	/	创新	有
常玉春（2011）	中国	企业	2007—2008 年	创新	有
赵宸宇、李雪松（2017）	中国	企业	2010—2014 年	创新	有
毛其淋、许家云（2014）	中国	企业	2004—2009 年	创新	有

说明：本表由作者整理得到，以在本书出现的先后顺序排序，“ / ”表示文献未涉及此项。

三、对外直接投资与企业成长

本书主要考察的问题是服务型对外直接投资是否促进了企业升级，即企业向海外投资服务业是否通过提升自身创新水平而带动了企业进一步成长。因此，关于对外直接投资与企业成长关系的研究也与本书密切相关。根据本章第一节的定义，企业成长主要指企业规模的扩张，规模的扩张主要包括就业的增长、固定资产投资的增长、产出的增长等。企业是经济活动的微观行为主体，其是否实现了成长对于一国经济能否实现长期稳定增长至关重要。在经济全球化不断推进的背景下，对外直接投资会如何影响企业成长？现有文献分别从国内就业、投资、产出等视角对这个议题展开了研究。由于到目前为止专门针对企业层面展开的研究较少，而宏观与中观层面的研究成果能在一定程度上为本书提供借鉴，本小节在对这三方面主题相关的文献进行梳理时将不限于企业视角。

（一）对外直接投资与就业

目前学术界关于对外直接投资对母国就业影响的研究很多，但并未达成一致的意见。有的学者认为，企业向海外投资意味着该企业将国内经济活动转移到了国外，从而会对国内就业产生不利影响，即产生"就业替代效应"。例如，有学者使用1982年美国对外直接投资基础调查数据研究发现，美国企业更倾向于在海外生产劳动密集型产品，在国内生产资本和技术密集型产品，这会导致母国工资水平上升，对劳动力需求下降，即对外直接投资对母国就业产生了负向影响（Kravis & Lipsey，1988）。有学者使用1983—1992年美国企业层面的数据研究同样发现，在海外设立子公司确实会对母公司的就业产生替代作用，不过这种影响是轻微的，只有当东道国是低工资国家时，这种替代作用才会较为明显（Brainard & Riker，1997）。有学者对中国台湾地区的研究再次验证了对外直接投资的"就业替代效应"（Driffield & Michelle Chiang，2009）。有的学者对此持有不同的意见，认为企业和经济体并不是在零和基础上运行的，全球产量也并不是一个固定值，海外产量的增加并不一定会导致国内产量的下降。相反，企业海外市场规模的扩大有利于提升母公司竞争力，进而促进其扩大生产规模，增加就业，即对外直接投资对母国可能有"就业创造效应"。例如，迪赛（Desai et al，2005）基于1982—1999年美国企业的数据研究发现，海外子公司规模的扩大与母公司就业增长之间有显著的正相关关系。费尔德斯坦（Feldstein，1995）研究发现，海外生产比例越大的企业对母公司研发人员和监督人员的需求也越大，能够促进母国就业。有学者使用日本1991—2002年跨国企业的数据研究发现，对外直接投资有助于提升企业竞争力，增加母国对技术密集型劳动者的需求，产生"就业创造效应"（Yamashita & Fukao，2010）。此外，还有学者认为对外直接投资对母国就业的影响具有不确定性，与投资类型及东道国发展水平有关（Harrison & Mcmillan，2006；Mariotti et al，2003）。

随着中国对外直接投资活动的开展，国内学者也对我国对外直接投资的就业效应进行了研究。姜亚鹏和王飞（2012）基于国家层面的视角，利用1981—2010年的数据研究发现：长期来看，对外直接投资与中国就业量之间存在正相关关系。刘海云和廖庆梅（2017）利用2003—2011年中国对澳大利亚等19个国家的投资数据研究发现，对外直接投资对我国就业有正向促进作用，且这种作用主要来自垂直型对外直接投资。来自中国企业层面的数据也得出了类似的结论。蒋冠宏（2016）利用2005—2007年中国工业企业数据研究发现，对外直接投资对母公司就业产生了显著的正向促进作用。李磊等（2016）基于2000—2013年中国工业企业数据研究了不同投资动机下对外直接投资对母公司就业的影响发现，总体上来看，无论哪种投资动机，对外直接投资都产生了明显的“就业创造效应”，且这种效应不受企业所有制类型和东道国收入水平的影响。李宏兵等（2017）、阎虹戎等（2018）同样利用中国企业的数据研究发现，对外直接投资促进了母公司就业人员数量的增长。

（二）对外直接投资与国内投资

对外直接投资是否挤出了国内投资？目前已有众多学者对这个问题进行了研究。有学者认为，对外直接投资可能通过资本市场和产品市场来影响企业在国内的投资行为。他们指出，企业在国内的投资与其在国内资本市场上的可贷资金有关，对外直接投资的增加意味着资本市场上国内可贷资金的下降以及外部融资成本的上升，从而会挤出国内投资；同时，在产品市场上，如果海外子公司是对母公司的复制，那么对外直接投资的出口替代效应会抑制国内企业进一步扩大投资规模（Stevens & Lipsey，1992）。费尔德斯坦（Feldstein，1995）使用OECD国家的数据研究发现，对外直接投资会引起国内投资的下降。有学者基于芬兰1965—2006年国家层面的数据研究发现，对外直接投资会以一比一的比率挤出国内投资（Sauramo，2008）。还有学者认为，不同国家在生产技术、制度及政策方面存在较大的差异，因此，对外直接投资对国内投资的影响不能一概而论，很可能会因研究国别的不同而出现差异。例如，有学者使用1980年代和1990年代OECD国家的数据研究发现，平均来看，对外直接投资阻碍了OECD国家国内投资的增长。然而，当他们使用美国的数据进行验证时则得出了完全相反的结论——对外直接投资能够促进美国国内投资，即对外投资与国内投资之间不是相互替代而是互补的关系（Desai et al，2005）。

在国内方面，项本武（2007）使用国家层面的数据考察了中国对外直接投资与国内投资之间的关系，结果发现，两者之间存在替代关系，对外直接投资每增加1%，国内投资会下降0.93%。宋林和谢伟（2016）基于动态面板模型，利用中国2004—2014年省级层面对外直接投资的数据研究发现，总体来看，对外直接投资确实会挤出国内投资，但这种作用存在明显的地区差异。其中，在东部地区，对外直接投资能够显著促进国内投资，而在中西部地区则会阻碍国内投资。还有学者认为，对外直接投资会促进国内投资，例如，辛晴和邵帅（2012）基于2003—2009年中国省份层面的数据研究发现，国内投资会随着对外直接投资的增加而增加，他们认为其原因可能与中国资源寻求型、第三产业以及技术寻求型对外直接投资的快速增长有关。綦建红和魏庆广（2009）使用2003—2007年中国省份层面的面板数据考察了中国对外直接投资与国内投资之间的关系，结果发现：对外直接投资能显著促进国内投资，与中西部地区相比，东部地区的积极作用最为明显。宫汝凯和李洪亚（2016）使用2003—2014年中国对外直接投资的跨国数据同样发现，对外直接投资能够促进国内投资。

（三）对外直接投资与产出

与就业和国内投资相比，目前学术界关于对外直接投资与母国产出之间关系的研究相对较少（杨连星等，2019）。有学者使用1970—2003年美国的数据及1971—2004年德国的数据研究发现，美国对外直接投资通过将国内生产与国外生产相融合而降低了生产成本，提升了国内生产的收益，进而促进了国内产出的扩张，即对外投资与国内产出之间是互补关系；而对德国而言，却出现了相反的结果，从长期来看，对外直接投资使得德国国内产出出现了下降（Herzer & Schrooten，2007）。

在国内方面，李泳（2009）使用1996—2006年850个中国跨国企业样本数据研究发现，对外直接投资对母国产出水平的影响是不确定的，它与投资期限、东道国发展水平等有关。从投资期限的角度来看，对外直接投资后的前两年，其并不会产生明显的产出促进效应，但在第三年，这种效应会显现出来。就投资东道国发展水平的角度来看，与向不发达国家相比，向发达国家进行投资产生的产出促进效应更为明显。杨连星和胡舜杰（2018）使用2000—2015年中国行业层面的数据研究发现，对外直接投资通过产业关联效应、跨国企业布局等渠道带动了国内就业、技术及出口的增长，进而促进了国内产出的提升，并由此得出对外直接投资未引致国内“产业空心化”的结论。杨连星等（2019）基于2000—2010年中国企业层面的数据同样发现，从整体来看，对外直接投资对母国上游行业生产需求有刺激效应，能够明显带动母国企业产出的提升。

由上述文献可知，目前国内外学者关于对外直接投资对母国就业、投资及产出的影响已进行了较为丰富的研究，且没有得出一致的结论，但就国内的研究来看，多数文献发现对外直接投资带动了国内就业、投资、产出的增长。

第三节 服务型对外直接投资的相关研究

一、企业异质性与服务型对外直接投资

在经济全球化深入发展的背景下，企业的国际化经营成为各国参与国际分工、拓展资源渠道、促进技术进步的重要渠道。为此，有不少学者已尝试从理论的角度来解释企业的国际化经营行为，并随之形成了垄断优势理论、产品生命周期理论等一系列经典的对外直接投资理论，这些理论主要立足于国家层面的宏观视角，均假定进行对外直接投资的企业是同质的。然而，在现实中不难发现，进行对外直接投资的企业只占一国所有企业的一小部分，而且不具有随机性。为解释这个现象，有学者开始从生产率异质性的角度来对企业对外直接投资行为加以考察。新新贸易理论为企业异质性对对外直接投资决策影响的研究奠定了理论基础。梅里兹（Melitz，2003）开创性地将企业生产率异质性引入贸易模型，构建了异质性企业贸易理论，首次从企业层面解释出口和国内销售的决策问题。他认为，企业进入海外市场时，需要学习当地的规制法则、建立新的销售渠道等，往往要支付一定的固定成本，因此，只有生产率高的企业才会出口，生产率低的企业会选择在国内销售或退出市场。在梅里兹构建模型的基础上，赫尔普曼等（Helpman et al，2004）将异质性企业的概念拓展到对外直接投资领域，系统地研究了异质性企业在对外直接投资、出口和国内销售之间的选择问题。赫尔普曼等认为，对外直接投资可以使企业节省运输成本，但是需要承担更高的固定成本，因此，只有生产率最高的企业才会进行对外直接投资，生产率次之的会出口，生产率最

低的仅在国内销售（简称“HMY 模型”）。有学者在 HMY 模型的基础上引入了线性需求函数的假定，得出了与 HMY 模型一致的结论，进而表明赫尔普曼等的理论预测并不依赖于 CES 偏好和冰山运输成本的假设（Head & Ries，2003）。此外，有学者的经验研究均验证了 HMY 模型的推测，即生产率最高的企业会向海外进行直接投资，生产率次之的会出口（Helpman et al，2004；Head & Ries，2003；Kimura & Kiyota，2006；Girma，2005；Damijan et al，2010；宫旭红和蒋殿春，2015）。随着企业层面对外直接投资数据的进一步丰富，还有学者研究了生产率与企业对外直接投资模式的关系，考察了生产率不同的企业在出口、绿地投资与跨国并购之间的决策问题，但并未得出一致的结论（Nocke & Yeaple，2007；Nocke & Yeaple，2008；Raff et al，2012；Stepanok，2015；Trax，2011；周茂等，2015；蒋冠宏、蒋殿春，2017；杨波、张佳琦，2017）。

近年来，随着服务型投资在全球对外直接投资中地位的提升，开始有学者从生产率异质性角度考察企业对外直接投资行业选择（服务业还是生产行业）的问题。例如，有学者通过构建理论模型系统探讨了贸易服务型、生产型对外直接投资与企业生产率的关系，结果发现，企业究竟选择向东道国投资何种行业取决于企业的生产率，由于进行生产型投资的企业比服务型投资的企业面临更高的固定成本，因此，生产率高的企业会投资生产行业，生产率低的企业会投资服务业，并且该学者还使用 1996—2006 年德国企业层面的数据验证了其预测（Krautheim，2013）。有学者将贸易服务型对外直接投资引入了 HMY 模型，系统考察了生产率与企业出口及投资行业决策的关系（Tian & Yu，2020）。他们假定，进行生产的企业面临如下两个阶段：第一阶段，企业通过投入 f_E 的固定沉没成本进入市场，从帕累托分布函数 $G(\varphi)$ 中随机抽取得到自身的生产率；第二阶段，在初始生产率给定之后，计划服务于国际市场的企业根据利润最大化原则决定是通过出口、在海外设立贸易服务部门还是建立生产部门的方式来进入国际市场；这三种方式的不同之处在于选择出口的企业需要承担跨境信息沟通成本 η_j 、冰山运输成本 τ_{ij} 及出口固定成本 f_X ；而选择在海外设立贸易服务部门并继续出口的企业能够节省企业的跨境信息沟通成本（ η_j 降为0），降低企业的冰山运输成本（ τ_{ij} 变为 $\mu\tau_{ij}$ ，$0<\mu<1$ ），但是需要企业承担一定的出口固定成本 f_X 与在海外建立服务型子公司的固定成本 f_S ；而选择在海外设立生产部门的企业不仅节省了跨境信息沟通成

本（η_j 降为0），还能节省企业的冰山运输成本（τ_{ij} 降为0），但是需要企业承担高昂的建立生产部门的固定成本 f_M。即在边际成本方面，出口、服务型投资、生产型投资分别为：$MC^X = \tau_{ij}w/\varphi + \eta_j w$，$MC^S = \mu\tau_{ij}w/\varphi$，$MC^M = w/\varphi$，在固定成本方面，三种方式需满足的关系为 $f_M > f_X + f_S > f_X$。结合零利润条件和自由进出条件，他们求出了均衡条件下企业生产率临界值的具体表达式，并提出了研究假说，即生产率相对比较高的企业会选择生产型投资，生产率相对比较低的倾向于选择服务型投资，生产率最低的会选择出口。更进一步地，他们使用2000—2008年中国企业层面的数据验证了这个假说。

上述模型（Krautheim模型，Tian & Yu模型）创新性地将生产率异质性理论延伸到了企业对外直接投资行业选择领域，为解释当前中国对外直接投资集中于服务业尤其是贸易类服务业的现象提供了理论基础。根据上述模型的观点，与生产型投资相比，服务型投资所面临的生产率门槛值更小，在中国企业生产率普遍不高的背景下，对中国而言，在海外设立固定成本较高的生产部门便不是最佳选择。

二、服务型对外直接投资对东道国经济的影响

服务是企业生产过程中不可或缺的一种中间投入（Bas & Causa，2013；Francois & Hoekman，2010；江小涓，2011）。例如，企业在做出投资决策前往往需要搜集市场信息，因此必须投入与信息的产生、传递、处理相关的服务；企业在销售过程中还需要投入运输、通信服务等。所以，服务业效率的提高已成为提升企业经营绩效乃至一国竞争力的重要决定因素（Eswaran & Kotwal，2002；Kakaomerlioglu & Carlsson，1999；陈宪、黄建锋，2004），服务业外资开放政策就是在这样的背景下实施的。

随着世界各国服务业的不断开放和其在国民经济发展中重要性的提升，有不少学者开始关注服务业外资开放对母国经济的推动作用，即服务型对外直接投资对东道国经济的影响。由于此类文献大多是从本国服务业外资开放视角展开的研究，为了表述的准确性，接下来，本章将根据服务业外资开放对母国经济的影响来对相关研究进行梳理。这部分文献主要考察了服务业外资开放与下游企业绩效之间的关系，相关研究主要集中在两个层面：一是探讨服务业外资开放对国内下游企业生产率的促进作用；二是探讨其对下游企业出口的影响。

（一）服务型对外直接投资与东道国生产率

在生产率方面，大多数文献得出了服务型对外直接投资（服务业外资开放）有利于促进东道国（母国）生产率水平提升的结论。例如，有学者认为服务业外资开放可能会通过三种渠道来影响使用这些服务作为中间投入的下游企业生产率：其一，服务业外资开放可能使得技术更为先进的国外服务供应商进入国内市场，这直接增加了国内服务产品的种类，通过产品种类效应促进了下游企业生产率水平的提升；其二，服务业外资开放有可能增加国内中间品市场上的服务产品数量，通过使更多企业得到服务而提升了其生产率水平；其三，服务业外资开放加剧了国内服务中间品市场的竞争程度，进而提升了服务中间品质量，而服务质量的提高有利于提升使用其作为中间投入的下游企业生产率（Arnold，2011）。更进一步地，他们使用1998—2003年捷克共和国企业层面的数据进行实证检验后发现，服务业外资开放确实促进了下游企业生产率水平的提升。有学者使用1997—2009年印度尼西亚企业层面的微观数据研究同样发现，服务业外资开放对下游企业生产率产生了正向促进作用，并且生产率越高的企业获益越大（Duggan，2013）。阿诺德（Arnold，2016）使用1993—2005年印度企业层面的微观数据研究发现，服务业外资开放促进了以这些服务为中间投入的下游企业生产率的提升，具体地，服务业开放程度每增加一个标准差，下游制造业企业的生产率将提高11.7%。他们还发现，银行和电信服务业外资管制放松产生的效应最为明显，而运输业和保险业因外资开放速度缓慢，对下游企业生产率的促进效应相对较弱；进一步区分企业性质后发现，与内资企业相比，外资企业更能从服务业外资开放中获益。

自加入世界贸易组织（WTO）以来，中国按照入世承诺不断加快服务业的外资开放进程。历年的《外商投资产业指导目录》（以下简称《指导目录》）显示，不受外资准入限制的服务行业占比已从1998年的39%上升到了2017年的76%[①]。近期实施的负面清单措施再次缩减了受限制的服务行业数

① 笔者根据《外商投资产业指导目录（1997年版）》《外商投资产业指导目录（2017年版）》计算。统计之前首先根据《国民经济行业分类》（GB/T 4754—2002）统一到四分位行业。

量[1]。此外，根据中国的投入产出表可知，我国几乎每个行业都需要服务投入（刘戒骄，2002）。所以，服务业效率的提高对我国经济发展而言至关重要。在这样的背景下，近几年，国内有为数不多的学者开始考察服务业外资开放对下游企业生产率的影响。例如，侯欣裕等（2018）使用历年《外商投资产业指导目录》，与投入产出表相结合，较为全面地刻画了中国服务业外资开放进程，并在此基础上结合1997—2007年中国企业层面的微观数据检验了上游服务外资开放的经济效应，结果显示，总体上，服务业外资开放显著提高了下游企业生产率；细分服务行业后发现，金融及能源服务业外资开放对下游企业产生的影响最大，而科技服务业产生的影响最小。

（二）服务型对外直接投资与东道国出口

在服务型对外直接投资（服务业外资开放）对东道国（母国）出口的影响方面，目前的研究较少。有学者使用1994—2004年印度企业层面的数据系统考察了能源、电信和运输服务业外资开放与下游企业出口绩效之间的关系，研究发现，这类服务业开放能够降低下游企业出口所面临的固定成本与可变成本，这增加了下游企业的出口份额与出口可能性（Bas，2014）。武力超等（2016）着重考察了与企业生产活动关系更为密切的生产性服务业开放对下游企业出口的影响，他们认为生产性服务业开放不仅能够有效降低国内服务价格，提升服务供给效率和质量，通过减少下游企业的出口固定成本与可变成本来直接促进其出口，还能够通过促进企业生产率提升而间接带动其出口。进一步地，他们利用世界银行企业调查数据库与OECD公布的服务业自由化指数数据库的合并数据，基于1995—2008年包含40个国家样本的数据对其推测进行了检验，结果发现，生产性服务业开放对下游企业出口有明显的正向带动作用，这种作用在中高收入、中低收入、低收入及新兴经济体国家中都较为明显。但有学者持有不同的意见，他们使用1981—2009年尼日利亚的数据研究发现，服务业外资流入并没有促进本国出口（Okechukwu et al，2018）。

就中国而言，周霄雪（2017）基于2000年到2006年中国企业层面的数据研究发现，服务业外资开放会通过生产能力效应、质量升级效应、产品种

[1] 笔者根据《外商投资准入特别管理措施（负面清单）（2017年版）》《外商投资准入特别管理措施（负面清单）（2018年版）》计算。统计之前根据《国民经济行业分类》（GB/T 4754—2002）统一到四分位行业。

类效应而显著促进下游企业出口，而且这种促进作用因要素结构、企业地域分布、企业生产率的不同而存在差异。孙浦阳等（2018）通过构建企业贸易理论框架，为服务业外资开放通过成本机制促进下游企业出口提供了可靠的理论证明，并使用1998—2007年中国工业企业数据进行了实证检验，结果显示：服务业外资开放不仅提升了中国下游企业的出口概率，而且促进了其出口额的增长；异质性检验后发现，这种效应在高管理效率企业中更为明显。孙浦阳和侯欣裕（2019）基于2000—2006年中国工业企业数据探究了服务业外资管制放松与使用服务作为中间投入的下游企业出口产品范围之间的关系，他们发现，服务业外资开放能够通过降低下游企业的投入成本而扩大其出口产品范围。侯欣裕等（2019）专门就金融服务业外资开放对下游企业出口的影响进行了研究，他们使用1998—2007年中国工业企业数据研究发现，金融服务业外资开放通过增加金融服务的种类有效缓解了下游企业所受到的融资约束水平，进而促进了企业出口。

三、服务型对外直接投资对母国经济的影响

（一）服务型对外直接投资与出口

尽管在过去的几十年里，服务业已成为全球范围内的重点投资领域，但是研究对外直接投资经济效应的文献对其鲜有考察，在为数不多的文献中，有学者分析了批发零售等与企业贸易密切相关的服务型对外直接投资对母国出口的促进作用。例如，有学者将支持企业出口的服务型对外直接投资纳入具有异质性企业贸易和横向对外直接投资的模型，通过构建异质性企业贸易和对外直接投资理论框架，从理论上证明了批发零售类的服务型对外直接投资能通过降低企业的海外可变配送成本而促进其出口，从而为贸易和投资的同步增长提供了可能的解释（Krautheim，2013）。有学者使用2001—2010年全球最大的100家零售商的双边出口数据，基于两阶段最小二乘法系统考察了在海外设立零售服务部门对母国向该东道国市场出口的影响，结果发现，零售类的服务型对外直接投资显著促进了母国向该东道国的出口（Cheptea et al，2015）。具体地，一国零售商在海外市场的销售额每增加10%，就会使母国企业对该市场的出口额增加2.6%。他们认为，产生这种结果的内在传导机制主要有两个：其一，在海外设立零售服务部门能够有效降低母国与该东道国之间的贸易成本，进而促进其出口；其二，在海外设立销售点能够通过与

海外消费者的反复接触而在一定程度上改变其消费习惯与生活方式，并将这些消费者的需求从国外产品转移到本国产品上。有学者使用 1997—2012 年中国 287 个城市的行业及原产国进口数据研究发现，外资零售商进入中国市场为外国生产商提供了接触中国客户的渠道，避免了与沟通、文化交流等有关的成本，同时还降低了进入中国市场所必要的固定成本与信息交易成本等，进而促进了母公司及零售商原产国其他企业出口（Emlinger & Poncet，2018）。

在国内方面，田巍和余淼杰（2017）重点对中国贸易服务型对外直接投资进行了研究，他们认为，企业在海外设立贸易服务部门不仅能够有效降低母公司出口运输过程中所面临的冰山成本，而且还能降低母公司与海外子公司之间的信息交流成本，进而促进母公司出口，进而初步指出这种类型的投资与出口之间存在互补关系。基于上述思想，他们进一步利用 2000—2008 年中国工业企业数据分析了汇率波动对贸易服务型投资决策的影响，结果显示，汇率每上升（贬值）1 个百分点，企业进行贸易服务型投资的可能性就会上升 0.43 个百分点，即汇率上升会促进企业向海外投资贸易服务行业，其内在逻辑就在于汇率上升会提升企业的出口竞争力，企业会通过贸易服务型投资来把握出口机遇，以进一步扩大出口规模。田巍和余淼杰（2019）更为详细地介绍了服务型对外直接投资的基本定义、特点及类别等，强调了这种类型的投资对发展中国家融入国际市场的重要意义。

（二）服务型对外直接投资与企业升级

目前，学术界关于服务型对外直接投资对母国企业升级影响的研究较少，有限的一些研究也主要是针对单一的服务部门对企业技术进步抑或成长的影响展开，这一小节将主要对这两类文献进行梳理和总结。

在技术进步方面，蒋冠宏等（2013）着重考察了技术研发类的服务型对外直接投资对母国生产率的影响。他们认为，技术研发类投资会通过如下三个渠道来促进母国技术进步：第一，这类投资增加了中国近距离接触并吸收发达国家创新资源的机会，即通过获取东道国创新资源而带动其生产率上升；第二，如果企业在海外设立的服务部门是联合研发中心，那么，这种类型的投资就可能通过研发风险分担、研发成果共享来促进母国生产率进步；第三，如果企业直接并购了发达国家的研发部门，则这种类型的投资就可能通过吸收标的企业先进技术、增加自身研发知识储备等来提升母国生产率水平。进一步地，他们使用 2006—2009 年中国工业企业数据进行检验后发现，从总体上来看，技术研发型对外直接投资显著促进了母公司生产率的提升，从而验证了他们的推测。毛其淋和许家云（2014）使用2004—2009年中国企业层面的数据研究发现，研发型与贸易型对外直接投资能够对母公司创新产生积极作用。他们指出，在海外设立研发、加工等部门有助于企业学习东道国先进技术，通过知识的逆向反馈作用而促进母公司创新，而设立销售部门使得企业能够直接获取海外消费者的需求信息并及时对产品设计加以改进，进而促进母公司创新。蒋冠宏和蒋殿春（2014）同样使用2004—2006年《中国工业企业数据库》与《名录》匹配的数据研究发现，商贸服务类的对外直接投资能够显著促进母公司生产率增长。他们认为，商贸服务型投资不仅为企业提供了接近国外研发中心的机会，也为企业提供了获取全球消费者需求及未来研发趋势信息的平台，通过“接近效应”提升了企业生产率，同时，更广阔的消费市场还有助于母公司出口规模的扩张，即通过“规模经济效应”而带动企业生产率增长。

在企业成长方面，蒋冠宏（2016）认为，企业进行商贸服务型投资的主要目的是获取市场信息、拓展销售渠道、提供售后服务等，这有助于增加海外市场对母公司产品的需求并带动母公司产出的增长，而产出的增长又会直接引致企业雇用更多的劳动力，即通过“产出效应”带动母公司就业增长。不仅如此，海外需求的增加还降低了企业的平均成本，这将激励企业加大劳动投入以实现“规模经济”，即通过“规模效应”促进企业就业增长。更进一步地，该学者利用2005—2007年《中国工业企业数据库》与《名录》的合并数据细致对比了商贸服务型和生产型对外直接投资对母公司就业作用的不同，结果显示，商贸服务型投资显著地促进了母公司就业的增长，而且在投资后的1~3年内，这一效应都始终存在，验证了其推测；而生产型投资无论是在当年还是投资后多年，均未对母公司就业产生明显的影响。李磊等（2016）使用2000—2013年的中国工业企业数据也得到了商贸服务型投资促进了母公司就业的结论。杨连星等（2019）利用2000—2010年中国工业企业数据研究发现，在海外设立商贸服务部门能够促进母国企业产出规模的扩张，他们认为产生这个结果的原因在于，商贸服务型投资的核心目的不是转移国内的生产活动，而是拓宽东道国市场。

第四节 文献述评

本书主要考察的是服务型对外直接投资与企业升级之间的关系，基于该研究主题，本章在对核心概念加以界定的基础上梳理并归纳了与之相关的研究成果，主要包括以下两个方面。

一、对外直接投资方面

本章总结了对外直接投资的相关理论，梳理了对外直接投资对技术进步及企业成长影响的相关文献。随着对外直接投资实践的发展，对外直接投资理论也得到了推进，但是，这一理论并没有形成统一的分析框架，涉及的理论文献也较为分散。半个多世纪以来，对外直接投资经历了以发达国家为主导到以发展中国家为主导的演变过程，与此同时，对外直接投资理论也依次形成了以发达国家为主要分析对象的传统对外直接投资理论和发展中国家对外直接投资理论，这些理论在一定程度上揭示了不同发展水平的国家对外直接投资的动因。除动因以外，对外直接投资的经济效应也是对外直接投资领域研究的重要内容之一。结合研究主题，本章选取“技术进步”和“企业成长”这两个视角对对外直接投资经济效应的相关研究进行了梳理。可以发现，到目前为止，学者们对于对外直接投资对技术进步、企业成长究竟产生了何种影响的问题并未达成一致的意见——有的学者认为存在正向促进作用，但也有学者认为不存在任何影响甚至存在负向阻碍作用。尽管国内外学者们得到的结论不尽相同，但就中国情境下的研究成果而言，发现存在积极作用的文献居多数。这些研究对理解中国服务型对外直接投资的影响效应问题提供了一定的参考，但依旧存在两点不足。

第一，这些文献重点关注对外直接投资整体对经济活动的作用，而未就投资行业的不同所可能产生的影响差异进行较为深入的研究。服务型对外直接投资是中国嵌入全球服务网络、获取全球技术创新资源、开拓国际市场的重要途径，很可能影响中国企业升级；同时，对服务型投资和生产型投资对母国企业影响差异进行的对比分析还能从投资行业的角度揭示对外直接投资对母国企业产生影响的真正驱动力，进而对中国下一步“走出去”战略提供理论上和经验上的方向指导。然而，到目前为止，服务型投资对母国经济效应的研究主题并没有得到应有的关注。

第二，这些文献主要关注对外直接投资对技术进步或企业成长的单独影响，缺乏对中国企业升级的全面分析。企业升级内涵丰富，需要从“质”和“量”两个层面进行全面把握，同时还要满足“量”的增长由“质”的提升所驱动的条件，而较为明显的是，在对外直接投资领域，少有文献从该视角展开研究。

二、服务型对外直接投资

鉴于目前学术界对该领域的研究较少，为了加深对服务型投资的理解以更好地开展本研究，本章从多个角度对学术界关于服务型投资的文献进行了归纳总结。具体地，本章先简要归纳了异质性企业对外直接投资的相关理论，着重介绍了近期的企业生产率异质性与服务型对外直接投资决策关系的文献（Krautheim，2013；Tian & Yu，2020）。这两篇文献都发现，企业究竟选择向东道国投资何种行业取决于企业的生产率，具体而言，生产率最高的企业会投资生产行业，生产率次之的企业会投资服务业，生产率最低的企业会出口。这个结论从企业生产率异质性的角度为中国对外直接投资聚焦于服务业的现象提供了解释，即中国企业生产率普遍较低，与生产行业相比，向海外投资服务业无须进行大规模的固定资产投资，其面临的生产率门槛值也较小，因此服务型投资就成为中国对外直接投资的重点。在此基础上，本章接着回顾了服务型投资对东道国和母国经济效应的研究进展，从中可以看到，服务型投资对东道国经济效应的检验已基本取得了一致的结论，大多学者认为它能够通过上下游投入产出关系显著促进东道国企业生产率及出口的增长。对母国经济效应的研究主要围绕商贸服务、研发服务等单一的服务部门对母国出口、技术进步、就业等的影响展开，大多发现其对母国出口、技术进步等有显著的正向促进作用。通过梳理以上文献可知，国内外学者在服务型对外直接投资领域已经取得了一定的研究成果，但关于服务型投资与企业升级关系的研究尚处于起步阶段。尽管已有文献初步意识到了服务型投资在促进企业技术进步、就业、产出等方面的重要作用，但还存在以下几点问题。

第一，这些文献主要考察的是商贸服务抑或研发服务这种单一的服务部门对母国经济的影响，无法较为全面地揭示服务型对外直接投资整体的经济效应。

第二，这些文献未立足于企业升级的视角，未能系统性地提出服务型投资影响企业升级“质”和“量”的分析框架。

第三，已有研究主要从定性分析的角度来推测具有特殊属性的服务型投资分别影响企业创新与成长的可能渠道，鲜少有文献从理论上梳理其背后的影响路径并使用严谨的计量方法对作用机制进行证明，无法精确地揭示服务型投资究竟是如何对企业升级产生影响的。

第四，受中国微观企业数据的限制，现有关于服务型投资对母国经济效应方面的研究主要使用2000—2007年范围内的《中国工业企业数据库》与《名录》的合并数据，而《名录》中不含有企业对外直接投资模式、投资行业、投资金额等信息，这在一定程度上限制了服务型投资的研究深度。此类问题的存在成为本书的写作动机。

自2000年中国政府提出“走出去”战略以来已有20年之久，在此期间中国服务型对外直接投资实现了迅速增长，那么这类投资对中国企业升级产生了怎样的影响？它是否通过促进企业创新而带动了企业成长？本书通过严谨的理论分析，厘清了服务型投资影响企业升级的可能渠道，并利用2002—2017年中国微观企业数据进行了较为全面而细致的实证检验。在分析过程中，本书不仅利用可靠的计量模型探讨了服务型投资对企业升级“质”（企业创新）和“量”（企业成长）的总体影响，还验证了其内在传导机制，区分了市场规模效应、资金流效应、创新资源流通效应等在促进企业升级过程中的重要作用，从而赋予了服务型对外直接投资更深层次的内涵。本书从服务型对外直接投资的视角为国际化背景下中国企业升级的动态变化提供了全新的解释，还为客观评估中国“走出去”战略的“得”与“失”提供了新的判别思路。

第三章　理论分析与研究假设①

本书主要考察的问题是服务型对外直接投资对中国企业升级产生了何种影响。本章从理论上梳理服务型投资影响企业升级的可能渠道，为第四章和第五章实证检验服务型投资对企业升级的作用奠定理论基础。根据第二章第一节中对企业升级的定义可知，企业升级的内涵不仅包括“质”（企业创新）的提升，还包括“量”（企业成长）的增长，因此在分析中，本章也就企业升级的这两个方面来梳理理论并在其基础上提出相应的研究假设。

第一节　服务型对外直接投资对企业升级“质”的影响

企业升级“质”的方面主要指企业创新，因此，本小节将着重分析服务型对外直接投资影响企业创新的理论机制。创新是一项需要长期持续与不断积累的投资过程（张璇等，2017），与一般的投资行为不同，企业创新需要有足够的创新激励并具备一定的创新条件。

首先，就创新激励而言，一项创新活动可以简化为“创新投入—创新产出—创新收益”三个阶段，从投入到收益的周期长、风险高，如果没有足够的潜在利润激励，企业往往不愿去创新（蔡卫星等，2019）。与寻求低成本要素投入的生产型对外直接投资的动机存在差异，服务型投资的一大动机是开拓市场，它有助于扩大企业海外市场规模，提升企业从事研发创新的边际回报，进而增加企业的创新激励（“市场规模效应”）。

其次，就创新条件而言，已有不少研究表明，充分的研发资金和足够的创新能力是企业成功创新的必备条件（毛其淋，2019；张杰等，2012）。较生

① 本部分的主要内容已发表于《世界经济研究》2020 年第 4 期与《国际贸易问题》2021 年第 1 期。

产型对外直接投资而言，服务型投资占用的企业资金相对较少，可以节约企业的投资成本，它还能增加企业海外收入并拓宽企业的融资市场来缓解企业创新过程中面临的融资约束，并最终促进企业创新水平的提升（“资金流效应”）。

最后，与生产型投资雇用大量生产性劳动力不同，服务型投资主要雇用的是技术、管理、营销人员等非生产性劳动力，它能通过优秀人才、技术知识等的流动等来提升企业创新能力（“创新资源流通效应”）。

综上，服务型对外直接投资会通过“市场规模效应”增加企业的创新激励，通过“资金流效应”以及“创新资源流通效应”影响企业的创新条件，进而对企业的自主创新水平产生促进作用（见图3-1）。本部分接下来就上述三个渠道展开分析。

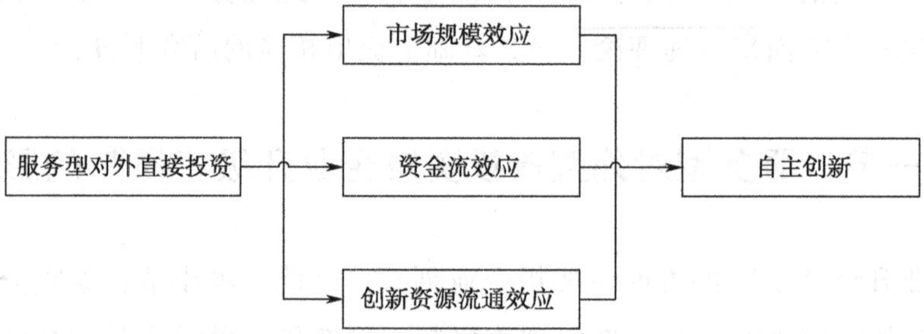

图3-1　服务型对外直接投资影响母公司自主创新的三个机制

一、市场规模效应

根据“需求引致创新”理论，市场需求规模和盈利动机激发了企业创新（Schmookler，1966）。一方面，从投入成本的角度来看，创新作为一种前沿性研究，往往面临着高昂的成本投入：一是创新的高失败率所带来的损失，二是创新成功所需的巨大固定成本。如果市场需求规模足够大，就可以分摊企业自主创新活动的高额成本，大幅度拉低企业创新的平均成本，增加其通过创新可获得的预期利润，进而激励企业创新（范红忠，2007）。另一方面，从产出收益的角度来看，市场需求规模越大，企业通过创新来获取市场收益和回报的空间就越大，创新的动力就越大（康志勇、张杰，2008）。此外，从创新理念的来源上看，消费者是企业创新想法或创新理念的重要信息来源，能够从需求出发指引企业下一步创新尤其是产品创新的方向，因此，市场规模越大，意味着企业能获得的需求信息就越多，越能降低企业预期利润的不确定性，进而激励企业创新（Fontana & Guerzoni，2008）。

近年来，国内外已有不少学者就市场需求规模与企业创新的关系进行了检验，大多得出了市场规模扩大对企业创新有正向促进作用的结论。例如，有学者通过构建理论模型发现，市场规模的扩大会通过加剧市场竞争而促进企业创新（Desmet & Parente，2010）。杨浩昌等（2015）利用2004—2013年中国省份层面的数据研究发现，市场规模的扩大能够显著促进企业技术创新水平的提升，具体而言他们发现，市场规模每扩大1%，企业创新水平提升约0.31%。陈丰龙和徐康宁（2012）基于2001—2010年中国行业层面的数据考察了市场规模与技术进步之间的关系，结果显示，市场规模每扩大1%会引起技术进步提升约0.018%，且这一促进作用会因行业的不同而出现差异，与劳动密集型行业相比，技术密集型和资本密集型行业对市场规模的扩大更为敏感。刘和东（2013）利用2000—2010年中国省份层面的数据研究发现，市场规模的扩大能够经虹吸效应机制而促进该区域内的创新要素集聚，这有助于开发和培育技术水平较高的创新项目。周怀峰和曾晓花（2011）利用需求拉动模型着重考察了海外市场规模与企业自主创新的关系，发现全新的市场需求会促进企业进行突破式创新，差异性需求则能引致渐进式创新。

而服务型对外直接投资能够通过降低企业贸易成本、促进企业出口来拓展其海外市场规模。根据新新贸易理论，企业出口会受到贸易成本的约束，只有生产率高的企业才会出口，生产率低的企业只能在国内销售或被迫退出市场（Melitz，2003）。贸易成本是指商品产出之后到最终消费者获得商品之前所产生的其他所有成本，包括运输成本（运费和时间成本）、政策壁垒成本（关税和非关税壁垒）、信息成本、合同执行成本、货币兑换成本、法律监管成本以及当地销售成本（Anderson & Wincoop，2004）。贸易成本的多寡会直接影响企业出口（李兵、李柔，2017）。一方面，贸易成本的下降直接降低了企业进入出口市场的生产率门槛，使得原本只能内销的企业也参与出口；另一方面，贸易成本下降使得现存出口企业在海外市场上可获得的利润上升，这将激励已出口企业将更多资源分配到出口产品的生产中，促进企业扩大出口规模。到目前为止，国际上已经有不少文献考察过贸易成本与企业出口之间的关系，并且大多得出了贸易成本下降能够促进企业出口的结论。例如，有学者利用1990—2005年24个发达国家和发展中国家的数据研究发现，一国面临的贸易成本越低，其出口规模将越大（Amurgo pacheco & Piérola，2007）。也有学者利用梅里兹（Melitz，2003）构建的异质性企业贸易理论框架发现，贸易成本的下降有利于企业出口的增长（Kancs，2007）。有学者利用1986年法国企业层面的数据进行反事实模拟发现，当贸易成本下降10个百分点时候，选择出口的企业数量会增加约32.5个百分点，出口额会上升约46.8个百分点（Eaton et al，2011）。还有学者利用1991—2005年美国进出口数据着重考察了贸易成本中的运输成本对企业出口的影响，他们认为现实中有许多产品对时间较为敏感（如易腐烂产品、使用的技术容易过时的产品等），而空运价格的下降有助于促进这类产品贸易的增长（Hummels & Schaur，2013）。就中国情境下开展的研究也大多得出了降低贸易成本能够促进本国出口的结论。如钱学锋（2008）模拟了贸易成本下降对中国出口二元边际的影响，结果显示，贸易成本每减少10个百分点，出口的扩展边际会上升约18个百分点，集约边际提升约3个百分点，并由此得出：贸易成本对中国出口的促进作用主要是通过扩展边际的提升而实现的。陈勇兵等（2012）同样发现，贸易成本对出口扩展边际的促进作用较集约边际而言更明显。史本叶和张永亮（2014）基于2001—2011年中国出口的数据细致考察了不同种类的贸易成本对出口扩展与集约边际的差异化作用，研究发现，相对于壁垒成本、信息成本等其他贸易成本而言，运输成本的减少对出口的促进作用最大。唐宜红等（2019）基于2000—2011年中国微观企业层面的数据研究发现，高铁的开通促进了人员之间的交流，提高了产品运送效率，削减了贸易成本，进而促进了中国企业出口。

与生产行业（非服务业）相比，贸易成本与服务业的关系更为密切，例如，运输成本与运输服务、仓储及物流服务相关，信息成本与批发业、零售业、售后服务、维修服务相关，法律监管成本与法律咨询服务相关等；两者之间的密切联系使得服务型对外直接投资能够通过多种途径降低企业的贸易成本。例如，向海外投资批发零售部门有助于企业布局东道国市场网络，那些原本需要通过外贸公司取得的海外订单将能够通过企业内部直接进行交易，企业可以先将产品运输到海外子公司，然后由海外子公司将产品分销给终端批发商、零售商或消费者，而不必再通过高成本的外贸中介进行交易，从而有效降低企业的分销成本，节约合同的签订与执行成本等；海外投资仓储物流部门有助于企业在东道国存储产品，使得原本需要“多次少量”出口的产品可以实现“少次多量”出口，运输次数的减少直接降低了企业的运输成本；向海外投资市场调研、安装等服务部门，使得企业能够直接了解到东道国消费者的需求偏好和潜力，降低企业的信息搜寻成本等。因此可以认为，服务型对外直接投资能够通过降低企业贸易成本而促进企业出口，进而拓展其海外市场。

除降低企业贸易成本外，服务型对外直接投资还能通过诸多其他途径来促进企业海外市场规模的扩大。例如，在东道国设立售后服务部门使母公司可以及时解决海外客户提出的问题，这有助于企业树立良好的品牌形象、提升产品国际知名度；设立客户支持部门能使企业及时了解客户反馈的需求，通过与客户的紧密联系来获取产品开发或改进的重要信息，有效拉近母公司与海外客户的时空距离，助力母公司拓展海外市场等。

综上，可以认为服务型对外直接投资可能通过“市场规模效应”而促进企业自主创新。

基于上述分析，本小节提出如下两个待检验的研究假设：

假设1：在其他条件不变的情况下，服务型对外直接投资有利于提高企业自主创新水平。

假设2：在其他条件不变的情况下，服务型对外直接投资可能通过“市场规模效应”的渠道促进企业自主创新。

二、资金流效应

创新具有高不确定性和长周期性，需要巨额资金作为支撑（刘波等，2017）。然而，企业和投资者间的信息不对称导致企业在创新项目上容易遭受严重的外源融资约束，并带来研发投入不足的问题（Hall & Lerner，2010），从资金链条上阻碍企业创新。由于资本市场是不完美的，对于投资项目，企业往往掌握着比外部投资者更多的信息，从而产生了信息不对称（Myers & Majluf，1984；屈文洲等，2011）。鉴于知识的非排他性，与一般投资项目相比，为创新项目融资的企业为防止被模仿而更不愿向投资者披露内部信息，产生的信息不对称问题更加严重（鞠晓生等，2013）。信息不对称会使得资金融出方要求资金融入方（即企业）为使用其融出的资金而支付一定程度的溢价，这将引致企业面临较高的外部融资成本，产生融资约束（Myers & Majluf，

1984）。

到目前为止，已有不少文献从实证的角度针对融资约束与企业创新的关系进行了检验，大多得出了融资约束会阻碍企业创新的结论。例如，有学者使用1994年、1996年及1997年德国中小企业微观数据研究发现，外部融资约束不利于企业开展研发创新活动（Czarnitzki，2006）。还有学者使用1996年到2004年7 079家葡萄牙企业层面的数据，基于联立方程的选择模型（Probit模型）研究发现，融资约束对企业研发创新有明显的负向影响（Silva & Carreira，2012）。张杰等（2012）基于2001年到2007年中国工业企业数据同样发现，融资约束会显著阻碍民营企业研发创新。张璇等（2017）利用2005年中国企业层面的调查数据研究发现，融资约束不仅显著阻碍了企业的研发创新决策，而且还降低了企业的研发创新强度，当企业面临信贷寻租时，这种抑制作用将加强。解维敏和方红星（2011）基于2002—2006年中国上市企业数据考察了地区金融发展与企业研发创新之间的关系，结果发现，金融发展能够促进中国企业增加研发投入，而且这一影响在受融资约束程度较大的企业中更为明显，从而说明融资约束是制约企业研发创新的因素之一。鞠晓生等（2013）利用1998—2008年中国企业层面的数据研究发现，营运资本能够有效降低企业创新投资的波动性，且当企业受融资约束程度增大时，这一作用会更为明显，进而从侧面说明融资约束会阻碍中国企业追加创新投入。

而服务型对外直接投资能够通过多种途径缓解企业面临的融资约束进而影响企业的自主创新水平。

首先，服务型投资能够通过增加企业内源资金、降低企业外部融资需求而缓解企业的融资约束。相对于在海外建立生产部门而言，在海外设立服务部门需要投入的人力、物力都相对较少，占用的企业资金和时间也较少。不仅如此，正如上一部分所提到的，服务型投资还有助于降低企业贸易成本、扩大企业的海外市场规模、增加其海外业务收入，使企业拥有更多可用的内源流动资金，这在一定程度上缓解了企业开展创新活动所面临的融资约束问题。

其次，服务型投资能够通过释放优质企业的信号、降低资金投资方的“怕贷”心理而缓解企业的融资约束。一方面，相对于非对外直接投资企业，向海外投资服务部门的企业一般需要支付一定的沉没成本，仅高生产率企业才会向海外投资（Tanaka，2014；Yeaple，2008；李磊等，2017）。因此，服务型对外直接投资这一行为本身就能够向资金投资方释放优质企业的“信号”，即服务型对外直接投资企业具有更高的技术水平，更强的竞争力，更广阔的市场，更好的信用和还款能力等。另一方面，与在海外投资大型生产类企业相比，设立服务企业无须进行大规模固定资产投资，所面临的回款风险和不确定性更小。同时，服务型对外直接投资使企业同时拥有了多个消费市场，海外市场与国内市场在市场周期上存在差异性，多样化的市场能够在一定程度上分散企业所面临的诸多风险（罗长远和李姝醒，2014），因此，资金投资方将更愿意向该企业提供信贷，进而降低企业的融资约束。

最后，服务型对外直接投资能够通过拓宽企业的海外融资渠道而缓解企业的融资约束。服务型投资是企业打开国际金融市场特别是投资东道国金融市场的一种重要手段，而且企业通过服务型对外直接投资获取的外汇收入还能为其获取国际金融市场资金援助提供担保，拓宽了企业的融资渠道，进而有效缓解企业的融资约束（张先锋等，2017）。由此，可以认为服务型对外直接投资可能通过“资金流效应”促进企业自主创新。

基于上述分析，本小节提出如下待检验的研究假设：

假设 3：在其他条件不变的情况下，服务型对外直接投资可能通过“资金流效应”的渠道促进企业自主创新。

三、创新资源流通效应

创新就是生产要素的重新组合（Schumpeter，1942），是一个对未知领域进行探索的过程，因此，成功的创新需要企业具备一定的创新能力（毛其淋，2019）。而与生产型对外直接投资主要雇用低技能的生产性劳动力不同，服务型投资主要雇用研发、销售、管理人员等非生产性劳动力，它可以通过“创新资源流通效应”促进企业创新能力的提升。从投资行业上看，中国企业向海外投资的服务业中有 75%①的金额流向了生产性服务业，包括研发与设计服务、技术服务、信息服务、生产性租赁服务等。而这类服务中蕴含着丰富的人力、知识资本等（Grubel & Walker，1989），通过投资这类服务行业，企业可以获取在国内市场上难以得到的国际优秀人力资源（Cheng & Bolon，1993）、信息知识资源等各种高级要素，实现对世界各国创新知识的学习（闫

① 作者根据 2003—2017 年“fDi Markets 数据库”和“BvD zephyr 数据库”统计计算。

付美，2018)。各类专业人才、技术知识等在海外其他企业与海外子公司之间的流动使得企业可以更有效率地嵌入全球创新体系，最终通过将海外子公司所掌握的最新技术、研发成果等转移到母公司来提升母公司的创新能力。例如，华为、美的等企业在硅谷设立研发服务部门，通过嵌入发达国家的创新网络而充分吸收其人才、信息资源等研发要素，从而获得最新技术并带动母公司创新能力的提升。因此，可以认为服务型对外直接投资可能通过“创新资源流通效应”而促进企业自主创新。

基于上述分析，本小节提出如下待检验的研究假设：

假设4：在其他条件不变的情况下，服务型对外直接投资可能通过“创新资源流通效应”的渠道促进企业自主创新。

第二节　服务型对外直接投资对企业升级“量”的影响

企业升级“量”的方面主要指企业成长，即企业生产规模的扩大，因此，本小节将着重分析服务型对外直接投资对企业产出影响的理论机制。影响企业产出的因素大致可以分为两类：企业自身供给能力和外部市场需求，服务型对外直接投资能够同时通过这两个层面影响企业的产出水平。服务型投资作为企业融入国际市场的一种重要方式，一方面，它能为企业带来丰富的东道国更高等级要素，促进企业研发创新，降低生产成本，进而带动企业自身供给能力的提升（“创新效应”）；另一方面，海外服务部门的设立降低了海外消费者与企业之间的信息摩擦，使企业拥有更广阔的海外市场，进而激励企业生产（“需求效应”）。接下来，本小节就这两个层面的渠道展开分析(见图3-2)。

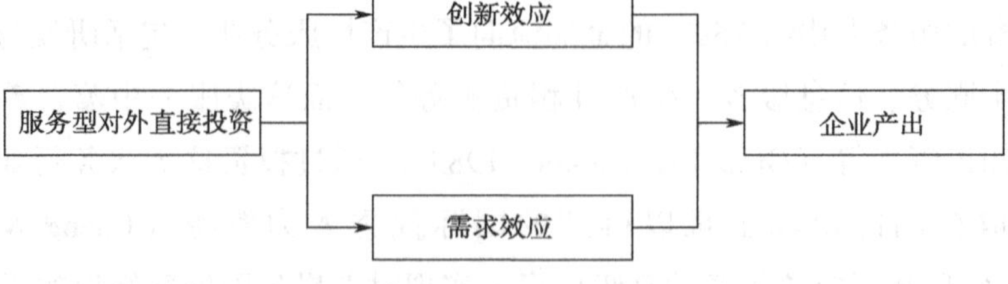

图3-2　服务型对外直接投资影响母公司产出水平的两个机制

一、创新效应

创新是提高企业核心竞争力的重要源泉（Solow，1957），能够助力企业克服边际报酬递减、产出效率停滞的困境（Schumpeter，1934），进而有效促进其生产规模的扩大（杨连星、胡舜杰，2018）。企业的生产能力会受到自身技术创新水平的制约。所谓生产就是指企业利用劳动、资本、土地等要素投入为个人或经济实体创造物质产品或提供服务等的经济活动，学者们常用生产函数来衡量技术水平不变的前提下企业要素投入与能产出的最大产量间的对应关系，这种在既有条件下所能生产的最大产量即为企业的生产能力。当技术水平发生变化时，企业的投入和产出之间的对应关系（生产函数）也会发生变化，生产能力也将随之改变。具体而言，如果创新水平提升，企业在生产工艺、物流等方面实现了重大技术改进，那么企业就可以利用相同的要素投入生产更多的产品，其产出规模将有所扩大，即创新能够通过促进企业技术进步而从供给角度带动其生产规模的扩大。

到目前为止，已有不少文献从实证的角度针对创新与生产技术之间的关系进行了检验，大多得出了创新能够促进技术进步的结论。例如，有学者基于1970—1995年14个OECD国家的数据研究发现，国外研发能够通过知识扩散带动国内研发，进而促进一国生产技术水平的提升（Keller，2000）。还有学者基于2000—2011年107个国家的数据研究发现，研发创新有助于提升一国生产技术水平，具体而言，研发投入每增加10%，一国的产出效率将会提升0.77%；并进一步指出，经济的持续增长取决于一国维持和提高现有创新水平的能力（Tientao et al，2016）。本戈瓦（Bengoa，2017）基于1980—2007年西班牙地区层面的数据研究发现，研发创新对地区生产技术水平有正向促进作用，具体而言，公共研发资本存量每增加1%，地区生产效率将提高约0.11%。针对中国的研究也大多得出了创新能够促进技术进步的结论。例如，王英和刘思峰（2008）利用1985—2005年中国与美国、德国等7个国家的数据研究发现，中国国内研发支出的增长显著促进了本国技术进步，并且这一作用要高于来自其他国家的技术外溢作用；并进一步指出，自主研发是中国技术进步的源泉。肖文和林高榜（2011）利用2003—2007年中国30个省份（这里不含西藏、香港和澳门）层面的数据研究发现，研发投入对技术进步有明显的正向促进作用。基于微观企业层面的研究也证实了研发创新能够促进技术进步的结论。例如，刘志强和陶攀（2013）利用2004—2005年中国工业企业的数据研究发现，研发强度对企业生产效率有明显的正向影响。因此，可以认为，创新能够在一定程度上促进企业生产技术水平的提升，进而带动其产出增长。

而服务型对外直接投资可以通过多种渠道促进企业创新，进而激励企业生产。服务业中还蕴藏着丰富的人力资本、知识资本和技术等高级生产要素（Castellacci，2008；金芳，1990），尤其是诸如研发、设计等具有知识密集特性的服务型对外直接投资使企业可以直接雇用东道国创新型人才并与东道国技术部门合作等，这在一定程度上丰富了海外服务部门的知识储备，然后通过将海外子公司获取的新知识传递给母公司，进而带动母公司创新。例如，百度、京东等知名中国企业均在被公认的世界前沿技术诞生地——美国硅谷设立研发中心，通过吸纳当地高端人才、获取世界先进技术发展动向等丰富海外子公司创新知识库，然后通过反向知识传递促进母公司创新。本章第一节的理论机制分析也指出，服务型投资能通过多种途径促进母公司自主创新水平的提升，此处不再详述。

综上，可以认为，服务型对外直接投资能够通过“创新效应”而促进企业生产规模的扩大。

基于如上分析，本小节提出如下待检验的研究假设：

假设5：在其他条件不变的情况下，服务型对外直接投资能够提高企业产出水平。

假设6：在其他条件不变的情况下，服务型对外直接投资可通过“创新效应”的渠道来提升企业产出水平。

二、需求效应

外部市场需求的增加能够刺激企业扩大生产规模，进而带动企业产出水平的提高（吕品等，2016）。市场需求是影响企业是否扩大生产规模的重要因素之一。一方面，企业出售产品或提供服务的主要目的就是实现利润最大化，当外部市场需求增加时，为满足这些需求并获取更大的利润，企业将会主动扩大其生产规模；另一方面，根据需求主体所在地区的不同，可以将其分为国内需求和国外需求两类，当企业拥有的需求市场增多时，如由仅拥有一个国内需求市场转变为同时拥有国内和多个国外需求市场，抑或其拥有的国外市场个数增加时，企业产品供给的范围将有所扩大，需求分散程度也将有所提高，这在一定程度上强化了企业的风险分散能力，有助于缓解外部经济冲击对企业产出的影响（张龑、孙浦阳，2017），稳定企业的市场预期，使其有更大的激励去扩大生产规模。

而服务型对外直接投资可以通过多条途径拓展企业的海外需求以促进母公司产出的增长。

首先，服务型对外直接投资可降低海外消费者与母国企业之间的信息不对称程度，使企业拥有更广阔的海外市场。例如，在海外设立批发零售、信息咨询、市场开发等服务部门，一方面可使国内企业及时获取东道国消费者需求变动信息，并根据搜集到的信息来调整生产方向、改变产品销路，另一方面，这类投资也降低了海外消费者搜索国内企业产品信息的成本，提升了海外需求方与国内供给方的匹配质量，缓解了双方在交易过程中存在的低效率问题，最终促进了企业海外需求市场的扩大。

其次，服务型对外直接投资还有助于提高企业信誉和品牌影响力，增加海外消费者对企业产品的信任度与品牌依赖性，进而促进企业国际市场占有率的提升。例如，在海外设立售后、维修等服务部门，有助于企业及时处理海外消费者提出的问题，这将增强海外消费者对企业产成品的满意度，优质的客户体验与高效的口碑传播将使企业拥有更广阔而稳定的消费群体。由此，可以认为，服务型投资能够通过“需求效应”促进母公司产出水平的提升。

基于上述分析，本章提出如下待检验的研究假设：

假设7：在其他条件不变的情况下，服务型对外直接投资可通过“需求效应”的渠道来提升企业产出水平。

第三节　本章小结

本章主要是从理论上阐述服务型对外直接投资对中国企业升级的影响作用及微观机制。在具体的传导路径分析中，本章针对企业升级的两个方面，即企业升级的“质”（企业创新）和“量”（企业成长）来进行论述，通过逻辑推演建立了本研究的分析框架，具体如下。

首先，在企业升级“质”的方面，本章指出服务型对外直接投资可以通过“市场规模效应”、“资金流效应”和“创新资源流通效应”这三个路径促进母国企业自主创新水平的提升。其中，“市场规模效应”是指服务型对外直接投资通过扩大企业海外市场规模而促进母国企业自主创新水平提升的机制。这种作用主要来自降低企业贸易成本以促进出口、缩短企业与海外消费者之间的时空距离以降低两者之间的信息不对称程度、为海外消费者提供更加优质的服务以提升产品国际知名度等。“资金流效应”是指服务型对外直接投资通过增加企业可用的内源资金、缓解其面临的外部融资约束而促进母国企业自主创新的机制。这种作用主要来自增加企业海外收入、拓宽企业国际融资渠道等。“创新资源流通效应”是指服务型对外直接投资通过吸收东道国创新资源而促进企业自主创新的机制。这种作用主要来自雇用非生产性优秀人才、获取国际前沿技术知识及研发成果等。

其次，在企业升级“量”的方面，本章指出服务型对外直接投资可以通过“创新效应”和“需求效应”这两个路径促进母国企业产出水平的提升。其中，“创新效应”指服务型对外直接投资通过促进母国企业创新而从供给角度带动自身产出增长的机制。这种作用主要来自提升生产技术水平、降低生产成本、增强生产能力等。“需求效应”指服务型对外直接投资通过扩大企业海外需求而从需求角度带动自身产出增长的机制。这种作用主要来自拓展海外需求、强化企业风险分散能力、稳定企业市场预期等。通过以上理论分析本章提出了7个有待检验的研究假设。

本章的理论分析较好地解释了服务型对外直接投资对企业升级可能的影响和传导途径，但这些观点是否可以获得来自中国企业微观数据的证据支持，还需要后续使用严谨的计量模型进行实证检验。

第四章　服务型对外直接投资对企业升级“质”的影响：基于企业创新视角的实证分析[①]

第三章的假设1到假设4指出，服务型对外直接投资可能通过“市场规模效应”、“资金流效应”及“创新资源流通效应”而促进企业创新，即对企业升级“质”的方面可能会有一定的正向促进作用，为验证这些假设，本章将使用微观企业数据来进行实证检验（第五章将围绕企业升级“量”的方面来进行实证分析），着重探讨服务型对外直接投资对企业自主创新的具体作用。本章的主要结论如下：第一，服务型对外直接投资显著促进了企业自主创新水平的提升。第二，这种促进作用因企业管理效率、投资模式等的不同而存在异质性。具体表现为，高管理效率、投资模式是绿地投资、地处交通基础设施发达省份、投资东道国是高收入发达国家的企业，从服务型对外直接投资中获益更大。第三，进一步的传导机制检验表明，服务型对外直接投资通过“市场规模效应”“资金流效应”“创新资源流通效应”而有效地促进了母公司自主创新。第四，服务型对外直接投资对企业自主创新的影响随着时间的推移而波动式上升，且投资强度越大，对母公司创新的促进作用越明显。此外，与纯生产型投资相比，服务型投资对企业创新的积极影响更大，两者创新效应的差异凸显了在通过“走出去”战略促进企业转型升级过程中服务型投资的重要地位。本章研究结论对中国对外直接投资政策制定、提升企业竞争力具有重要参考价值。

第一节　问题背景

如导论部分所提到的，服务型投资在中国对外直接投资中占据着重要的

① 本部分的主要内容已发表于《世界经济研究》2020年第4期。

地位（见表 1-1）。根据《2018 年度中国对外直接投资统计公报》，截至 2018 年底，中国对外直接投资存量为 19 822.66 亿美元，位列按全球国家（地区）排名的第三位，其中，流向服务业的有 15 323.79 亿美元，占比高达 77.3%，流向非服务业的为 4 498.87 亿美元，占比为 22.7%。流向服务业的投资存量是非服务业的 3.4 倍。另一方面，从境外设立企业数上看，到 2018 年底为止，中国共在境外设立 42 872 家企业，其中，在境外从事的是服务业的企业有 26 938 家，占比为 62.8%，从事非服务业的有 15 934 家，占比 37.2%。在境外从事服务业的企业数是非服务业的 1.7 倍。因此，无论是中国对外直接投资存量还是境外投资企业数，服务业占比都要远高于非服务业。为了更为直观地展示中国服务型投资的变化趋势，本小节根据表 1-1 绘制了图 4-1。从图中可以非常明显地看到，2005 年开始，服务型投资的流量超过了生产型投资，而且两者之间的差距不断增大，尤其是在 2016 年，服务型投资流量达到了生产型的 3.6 倍。随着“一带一路”倡议的推进，中国服务型投资依旧有很大的发展潜力。

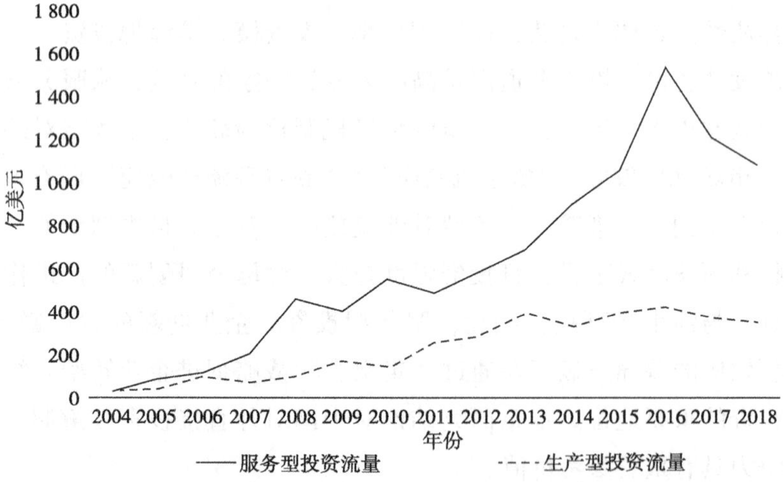

图 4-1　2004—2018 年中国服务型、生产型对外直接投资流量变化趋势

创新是推动一国经济增长的源泉和动力，但长期以来，中国企业创新能力不强，科技对经济增长的贡献率较低。习近平总书记曾在党的十八届五中全会上明确指出，创新不足是目前中国经济大个头的“阿喀琉斯之踵”。在这样的大背景下，关于如何促进企业自主创新水平的提升，实现中国经济高质量发展的话题就成为当下中国政府与学术界重点关注的问题。党十九大报告、2019 年召开的中央全面深化改革委员会第八次会议等从不同角度强调要加强国际合作、提升使用全球创新资源能力，并强化全球创新网络对我国建设创新型国家的助推作用。对外直接投资作为企业融入全球创新网络的一种重要方式，其对企业创新的影响不可忽视。既有文献已证实，对外直接投资对企业创新而言有一定的促进作用（赵宸宇、李雪松，2017；毛其淋、许家云，2014），但是这些文献均未就其影响企业创新的可能机制给予严谨的证明，也未从投资行业的角度细致探究对外直接投资带动企业创新的真正驱动力，限制了对中国“走出去”战略经济效应的认识。而本章将立足于中国对外直接投资集中于服务业的现实背景，较为全面地考察服务型投资对中国企业创新的影响，并比较其与生产型投资对企业创新作用的大小，以在一定程度上弥补现有研究的空缺。

事实上，随着服务型对外直接投资的快速增长，在国际经济学领域，已有不少文献围绕服务型投资展开了研究。总结服务型投资的研究成果，主要包括以下几类：第一是关于服务型对外直接投资经济效应的研究。在这类文献中，大部分关注的是服务型投资对东道国的影响。例如，一些学者研究发现，服务型投资对东道国制造业企业生产率有显著的正向推动作用（Arnold et al，2011；Arnold et al，2016；侯欣裕等，2018）。还有一些学者发现，服务型投资有利于东道国出口。仅有为数不多的文献考察了服务型投资对母国的经济效应（Bas，2014；孙浦阳等，2018；Barone & Cingano，2011）。例如，有学者发现，批发零售类的服务型对外直接投资能通过降低企业的可变配送成本而促进其出口（Krautheim，2013）；还有学者研究发现，零售类的服务型对外直接投资通过降低出口成本和改变海外消费者偏好，显著促进了母公司及原产国其他企业出口（Cheptea，2015）。此外，还有学者使用中国进口数据研究发现，外资零售商进入中国市场促进了母公司及零售商原产国其他企业出口（Emlinger & Poncet，2018）。田巍和余淼杰（2017、2019）近年也初步发现贸易服务型或商贸服务型对外直接投资与中国企业出口间存在一定的互补关系。可以看到，目前针对服务型投资对母国经济效应的研究主要围绕批发零售这种单一的服务部门对于母国出口的影响展开，而且更多针对的是发达国家抑或全球大型零售商原产国，关于中国企业服务型对外直接投资的研究较少，就服务型投资对中国企业自主创新影响的研究更是寥寥无几。有鉴于此，本章将系统考察服务型对外直接投资对企业自主创新的影响。

理论上，服务型对外直接投资对企业自主创新的影响主要体现在以下三方面：

其一，服务型投资使得企业可以和海外需求方直接接触，这有利于减小两者之间的信息摩擦，促进企业海外市场规模的扩大，增加企业创新的边际收益，进而激励企业创新（“市场规模效应”）。

其二，与生产型投资相比，服务型投资无须在海外购买或者建设生产基地，也无须雇用大量的劳动力，占用的企业资金和时间相对较少；同时，服务型投资引致的海外市场规模扩大还增加了企业的业务收入，这都将使得企业有足够的资金和精力去开展创新活动（“资金流效应”）。

其三，与生产行业相比，服务业中蕴藏着更为丰富的知识、人力、技术资本等更高等级要素，在一定程度上起到了新知识和新技术传播的功能。在海外设立服务部门，使得企业可以雇用东道国当地的咨询、研发、管理、销售等方面的优秀人才，实现与其他科技服务部门的合作等，有利于企业获取东道国创新资源，进而提升其自主创新水平（“创新资源流通效应”）。

综上，服务型投资很可能较生产型投资而言更能促进企业自主创新。图 4-2 拟合了 2004—2018 年中国专利申请受理数与服务型投资占总对外直接投资比例、生产型投资比例的线性关系①，可以看到，专利申请数与服务型对外直接投资比重呈正相关关系，而与生产型投资比例呈负相关关系。由此推测，服务型投资在通过“走出去”战略促进企业自主创新过程中很可能承担着更为重要的角色。鉴于上述分析，本章将深入考察服务型投资与母公司自主创新之间的内在联系，从客观上评估中国服务型投资对企业创新的贡献，为后续“走出去”战略的实施提供相应的政策启示。具体而言，本章主要解决的问题如下：服务型对外直接投资对母公司自主创新产生了怎样的影响？其背后的传导机制又是什么？这种影响在时间上呈现出怎样的变化？其与生产型投资相比，对创新的影响是否更大？近年来中国微观企业数据的丰富为本章研究上述问题提供了可能性。

本章将采用 2002—2017 年中国非金融类上市企业数据和细分投资行业的对外直接投资数据，结合倾向得分匹配法（PSM）和双重差分法（DID）详

① 专利申请数、服务型 OFDI 及生产型 OFDI 流量数据来源于中国国家统计局。

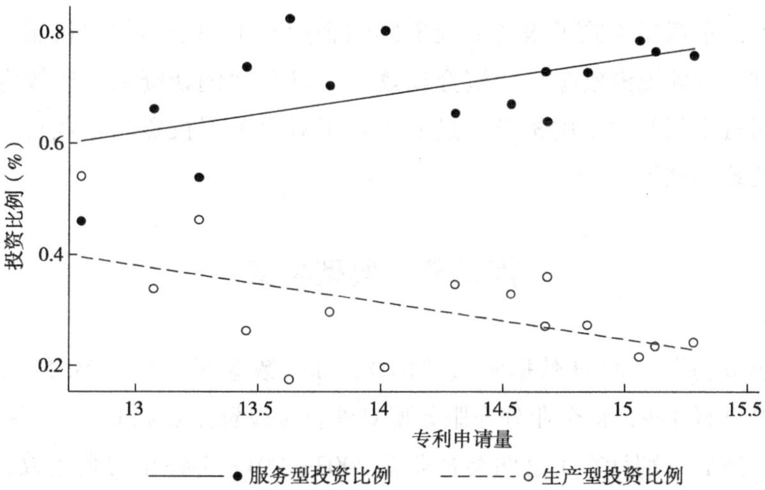

图 4-2　服务型、生产型 OFDI 与中国专利申请量

注：根据中国国家统计局数据绘制，对外直接投资为流量数据，专利申请数进行了对数化处理。

细考察服务型对外直接投资与母公司自主创新之间的关系，主要贡献如下：

第一，在数据方面，本章首次较为全面而精确地整理了中国服务型对外直接投资企业的基础数据。本章将含有详细的中国企业海外投资行业、投资金额、投资模式信息的“BvD Zephyr 数据库”与“fDi Markets 数据库”进行了合并，构建了“中国企业对外直接投资全新数据库”，该数据库除可以实现本章的研究目的外，还将为与中国企业服务型对外直接投资相关的其他研究提供数据保障。

第二，在研究视角上，本章首次从企业自主创新角度系统考察服务型投资对母公司的影响。本章的研究不仅能够为服务型对外直接投资如何影响母公司的经营情况提出新的经验证据，而且对推动中国建设“创新型国家”的发展战略具有重要的政策指导意义。

第三，在研究方法上，本章采用倾向得分匹配法（PSM）与双重差分法（DID）相结合的方法有效地鉴别了服务型投资和企业自主创新水平之间的因果关系，使得结果具有可信性。

第四，在研究内容上，鉴于企业在管理效率、投资模式、投资东道国收入水平等方面存在明显差异，本章系统分析了服务型投资对不同组别企业自主创新行为的差异化影响。这类异质性分析为切实提高中国“走出去”战略的政策效果提供了必要的经济学支持。

此外，本章还检验了服务型投资影响企业自主创新的作用机制，发现其主要通过“市场规模效应”、“资金流效应”以及“创新资源流通效应”而促进母公司自主创新水平的提升，进而深化了对服务型投资与企业自主创新水平之间关系的理解。

第二节　典型事实

本小节利用“Wind 数据库”、“BvD zephyr 数据库”与“fDi Markets 数据库”的合并样本[①]，将企业分为服务型对外直接投资企业和非对外直接投资企业两类，然后分别计算了这两类企业在 2003—2017 年各年的企业数、平均专利申请数、平均发明专利申请数[②]和有专利申请的企业占比，结果见表 4-1。值得注意的是，企业在东道国设立子公司后可以在之后多年持续起作用，无须重新投资，因此，仅根据当年度企业的对外直接投资行为来分组将会遗漏那些当年未曾投资但在之前曾投资过且仍在东道国进行生产或提供服务的企业。所以，本章在分组时，将当年及之前年份向海外投资过服务业的样本均划分到服务型对外直接投资组，从未对外直接投资过的样本归为非对外直接投资组。

表 4-1（a）统计的是非对外直接投资企业的数据，表 4-1（b）统计的是服务型对外直接投资企业的数据。可以发现，在样本期内各年，服务型对外直接投资企业的平均专利申请数和平均发明专利申请数都大于非对外直接投资企业。此外，从有专利申请的企业所占的比例来看，有专利申请的服务型对外直接投资企业在服务型对外直接投资企业中所占的比例为 41%~80%，在非对外直接投资企业中这一比重仅为 24%~61%，有发明专利申请的服务型对外直接投资企业在服务型对外直接投资企业中所占的比例为 16%~74%，在非对外直接投资企业中这一比重仅为 14%~54%。这说明相比非对外直接投资企业，服务型对外直接投资企业中创新性企业所占的比例更大。

① 本章第三节将介绍对三套数据的合并方法。

② 为与本章第三节关于自主创新指标的度量方式一致，这里的专利申请数均进行了对数化处理，即专利申请数加 1 取对数。

表 4-1

（a）企业专利申请情况 2003—2017 年：非对外直接投资企业

年份	非对外直接投资企业				
	企业数	平均申请数（个）		专利企业占比（%）	
		全部专利	发明专利	全部专利	发明专利
2003	1 065	0.46	0.19	24.98	14.46
2004	1 071	0.46	0.21	25.49	15.31
2005	1 059	0.54	0.27	27.38	17.66
2006	1 056	0.61	0.32	30.02	21.40
2007	1 124	0.72	0.41	33.45	25.89
2008	1 301	0.89	0.52	40.66	31.28
2009	1 595	1.13	0.67	50.41	40.50
2010	1 779	1.24	0.72	53.85	43.84
2011	1 883	1.35	0.84	58.52	48.22
2012	1 911	1.44	0.94	57.56	50.08
2013	2 013	1.51	1.01	60.41	53.01
2014	2 186	1.56	1.03	60.98	53.29
2015	2 446	1.55	1.04	60.71	53.11
2016	2 755	1.33	0.87	52.49	44.86
2017	2 802	0.78	0.58	38.90	33.90

资料来源：作者整理。

（b）企业专利申请情况 2003—2017 年：服务型对外直接投资企业

年份	服务型对外直接投资企业				
	企业数	平均申请数（个）		专利企业占比（%）	
		全部专利	发明专利	全部专利	发明专利
2003	5	2.07	1.20	60.00	20.00
2004	12	1.47	0.60	41.67	16.67

续表

年份	服务型对外直接投资企业				
	企业数	平均申请数（个）		专利企业占比（%）	
		全部专利	发明专利	全部专利	发明专利
2005	17	2.14	1.39	58.82	41.18
2006	21	2.52	1.63	76.19	52.38
2007	28	2.43	1.69	64.29	57.14
2008	45	2.55	1.70	68.89	60.00
2009	64	2.71	1.90	75.00	70.31
2010	84	2.95	2.02	78.57	70.24
2011	99	2.96	2.21	78.79	70.71
2012	125	3.03	2.29	79.20	72.80
2013	145	2.96	2.26	75.86	67.59
2014	159	3.00	2.26	78.62	73.58
2015	205	2.82	2.15	75.61	69.76
2016	254	2.45	1.85	69.29	62.99
2017	276	1.61	1.23	54.35	47.83

资料来源：作者整理。

上述事实表明，服务型对外直接投资企业的自主创新水平要高于非对外直接投资企业。然而，这一差异既有可能是因为自主创新水平高的企业更倾向于选择服务型对外直接投资，也有可能是因为服务型对外直接投资的行为而使得企业的自主创新水平得以提升。为了进一步探索服务型对外直接投资与企业自主创新之间的关系，在这部分筛选出新服务型对外直接投资企业和非对外直接投资企业，观察新服务型对外直接投资企业专利申请数在企业投资前后的变化①。两类企业从 $T-8$ 到 $T+8$ 期平均专利申请数的变化情况如图 4-3 和图 4-4 所示。可以发现，无论是全部专利还是发明专利，在 $T<0$ 投

① 在服务型对外直接投资企业样本中，企业投资当年用 $T=0$ 表示；在非对外直接投资企业样本中，样本期内企业存续年份的中位数定义为 $T=0$。

资前阶段，新服务型对外直接投资企业的平均专利申请数多于非对外直接投资企业，表明有可能存在“自选择”效应；在 $T<0$ 投资前阶段，两类企业的平均专利申请数的发展趋势基本一致；在 $T>0$ 投资后阶段，服务型对外直接投资企业平均专利申请数逐渐上升，而非对外直接投资企业并未出现明显变化，说明服务型对外直接投资与自主创新之间存在一定的正向关系。描述性统计为本章使用更严谨的计量方法精确地估计服务型对外直接投资对企业自主创新的作用提供了初步依据。

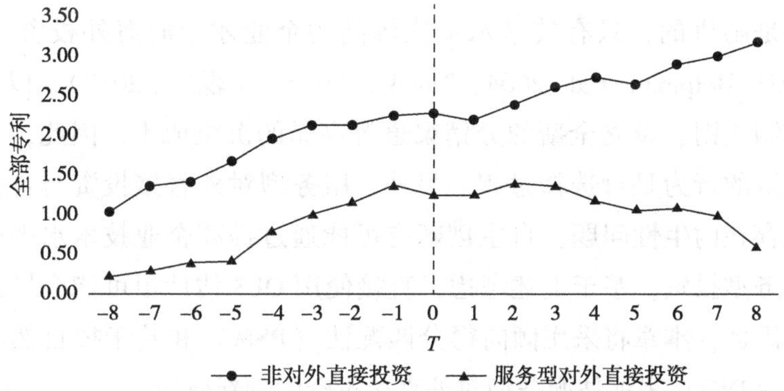

图 4-3　企业服务型对外直接投资前后各期全部专利申请数

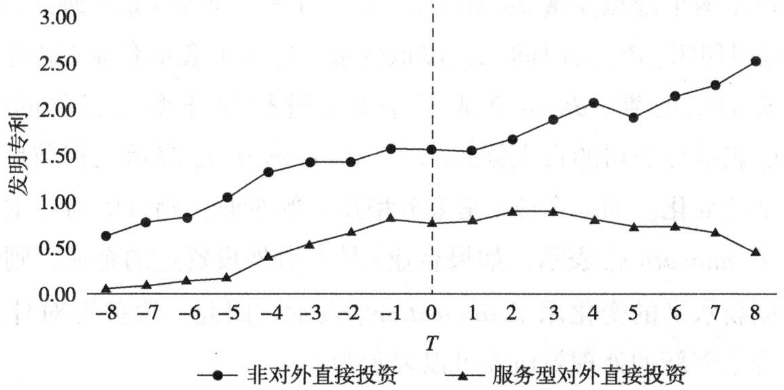

图 4-4　企业服务型对外直接投资前后各期发明专利申请数

第三节 计量模型、变量与数据

一、计量模型设定

本章的研究目的是就服务型对外直接投资对母公司自主创新水平的作用进行量化分析，即考察服务型投资与母公司自主创新水平间是否存在因果关系。根据企业异质性理论的预测以及经验研究结果，企业进行服务型投资的行为并不是随机的，只有技术水平比较高的企业才会向海外投资（Head & Ries，2003；Helpman et al，2004；Tanaka，2014；李磊等，2017），以克服学习当地的规制法则、设立全新的分销渠道等高昂的沉没成本，因此，企业进行服务型投资的行为是自选择过程。另外，服务型对外直接投资与自主创新之间也可能存在内生性问题，自主创新有可能通过提高企业技术水平而促使企业进行服务型投资。基于上述考虑，直接使用 OLS 估计很可能会导致结果出现偏差，因此，本章将采用倾向得分匹配法（PSM）和基于拟自然实验的双重差分法（DID）来评估服务型对外直接投资的创新效应。

基于拟自然实验的基本思想，本书首先将企业分成两组，在样本期内进行过服务型对外直接投资的企业为处理组，从未对外直接投资过的企业为对照组，并设定两个虚拟变量 du_i 和 dt_{it}。$du_i=1$ 表示企业 i 是处理组，$du_i=0$ 表示企业 i 是对照组。dt_{it} 为时间二元虚拟变量，$dt_{it}=1$ 表示企业 i 进行服务型对外直接投资后的时期，$dt_{it}=0$ 表示企业 i 进行服务型投资前的时期。用 $innovation_{it}$ 表示母公司的自主创新水平，$\Delta innovation_{it}$ 表示投资前后企业 i 自主创新水平的变化。如果企业 i 是服务型投资的企业，则投资前自主创新水平的变化用 $\Delta innovation_{it}^1$ 表示，如果企业 i 是未对外投资过的企业，则将其两个时期自主创新水平的变化用 $\Delta innovation_{it}^0$ 表示。因此，服务型对外直接投资对母公司自主创新的处理效应 δ 可以表示为：

$$\delta = E(\Delta innovation_{it}^1 \mid du_i = 1) - E(\Delta innovation_{it}^0 \mid du_i = 1) \tag{4-1}$$

式（4-1）的含义是用服务型投资企业投资前后自主创新水平的变化与这些企业在没有进行投资情况下两段时期内的自主创新水平变化之差来衡量处理效应。由于服务型投资企业不进行投资的自主创新水平变化在现实中是不可观测的“反事实”，因此本书通过匹配法为进行服务型投资的企业匹配上了特征相似的未曾向海外进行过直接投资的企业，从而用从未进行过对外直接投资企业的自主创新水平变化代替服务型对外直接投资企业自主创新水平的变化，即 $E(\Delta innovation_{it}^{0} \mid du_i=1)=E(\Delta innovation_{it}^{0} \mid du_i=0)$。式（4-1）就转变为式（4-2）：

$$\delta = E(\Delta innovation_{it}^{1} \mid du_i = 1) - E(\Delta innovation_{it}^{0} \mid du_i = 0) \tag{4-2}$$

然后，比较处理组和对照组企业在服务型投资前后自主创新水平的变化，若处理组企业在服务型投资前后自主创新水平的增加显著高于对照组企业，就表明服务型投资促进了企业自主创新水平的提升。具体的估计方程如下：

$$innovation_{it} = \beta_0 + \beta_1 du_i + \beta_2 dt_{it} + \delta du_i \times dt_{it} + X'_{it}\gamma + \mu_p + \mu_c + \mu_t + \varepsilon_{it} \tag{4-3}$$

式中，下标 i、t、p、c 分别表示企业、年份、地区、行业。因变量 $innovation_{it}$ 代表企业 i 在年份 t 的自主创新水平（测算方法见本小节的第二部分）。du 和 dt 的含义与前文一致。处理组企业自主创新水平的变化为 $\beta_1+\delta$，对照组企业自主创新水平的变化为 β_2，δ 表示企业进行服务型投资对母公司自主创新水平的真实影响，如果 $\delta>0$，则表明（$innovation_{du=1,\ dt=1} - innovation_{du=1,\ dt=0}$）－（$innovation_{du=0,\ dt=1} - innovation_{du=0,\ dt=0}$）>0，即处理组企业投资前后自主创新水平的相对增加幅度大于对照组，服务型投资能够促进母公司自主创新水平的提升；如果 $\delta<0$，则说明处理组企业自主创新水平的相对增加幅度小于对照组，即服务型对外直接投资不能促进母公司自主创新水平的提升。

为了使得核心解释变量 $du \times dt$ 与 ε 不相关，以得到 δ 的无偏估计，本章还加入了地区固定效应 μ_p，用来控制各省未被观察到的不随时间而进行变化的因素；行业固定效应 μ_c，用来控制各行业特定的不随时间变化的不可观察因素；时间固定效应 μ_t，用来控制各省份、各行业共同面临的宏观经济冲击和国家政策等趋势性因素；以及影响企业自主创新水平的其他因素 X_{it}。参考已有研究（Tian & Wang，2014；蔡卫星等，2019；赵伟等，2012），加入了资本密集度（ln*kl*）、企业规模（*size*）、国有企业虚拟变量（*SOE*）、民营企业虚拟变量（*MIN*）、总资产报酬率（*ROA*）、杠杆率（*LEV*）、企业年龄（ln*age*）以及企业年龄的平方（$\ln age^2$）、托宾 *Q* 值（*Tobins_ Q*）、市场集中度（*HHI*）、独立董事比例（*indep*）、第一大股东持股比例（*share*）。

二、变量度量

（一）自主创新水平（$innovation_{it}$）

常见的衡量创新水平的指标有研发支出和专利申请数。其中，专利申请数是衡量企业自主创新更好的指标，因为该指标作为创新产出，能综合地反映企业对各种创新投入的利用情况（Cornaggia et al，2015；Fang et al，2014）。而研发支出只是创新投入中的一个可观测部分，无法反映企业的技术引进、人力资本开发等投入（Smith，2005；鞠晓生等，2013）。因此，本章采用企业年度专利申请数（$\ln(1+PAT)_{it}$，企业年度专利申请数加 1 取对数）作为测量企业自主创新水平的指标。在中国情境下，企业申请专利的形式有外观设计、实用新型和发明专利三种，前两种专利技术含量较低，而发明专利是对某一技术方案的突破性升级或改造，技术含量最高，审查标准最严格，相比总的专利申请数量而言，更能体现微观企业甚至一国的创新质量（张杰等，2014），因此，本章同时使用发明专利申请数（$\ln(1+INV)_{it}$，发明专利申请数加 1 取对数）来衡量企业自主创新活动。稳健性检验中也汇报了使用研发支出作为自主创新代理变量的检验结果，以供比较。

（二）其他变量

其他变量的测度方法为：

1. 资本密集度：用企业固定资产原值与员工总数的比值取对数表示。

2. 企业规模：用企业固定资产取对数表示。

3. 国有和民营企业虚拟变量：根据企业实际控制人属性，如果是国有企业，则令 $SOE=1$，否则取 0，如果是民营企业，则令 $MIN=1$，否则取 0。

4. 总资产报酬率：用利润总额与利息支出之和与平均资产总额的比值表示。

5. 杠杆率：用企业总负债与总资产的比值衡量。

6. 企业年龄：用当年年份减去企业成立年份加 1 取对数表示。

7. 托宾 Q 值：计算公式为，市值 A /（资产总计 − 无形资产净额 − 商誉净额），其中，市值 A =（总股本 − 境内上市的外资股 B 股）× 今收盘价 A 股当期值 + 境内上市的外资股 B 股 × B 股今收盘价当期值 × 当日汇率。

8. 市场集中度：用每一门类行业内所有企业市场占有率的平方和，即赫芬达指数（Herfindahl）来衡量，其计算公式为，$HHI_{ct}=\sum_{i=1}^{N}(X_{ict}/X_{ct})^2$，$X_{ict}$

为行业 c 中的第 i 个企业 t 年的营业收入，X_{ct} 为企业 i 所在的行业 c 在 t 年的营业收入，N 表示该行业中的企业个数。

9. 独立董事比例：用独立董事人数与董事会总人数之比表示。

10. 第一大股东持股比例：用第一大股东持股占总股本的比例衡量。表 4-2 列出了各变量名称、符号及定义的对应关系，表 4-3 列出了各变量的描述性统计结果。

表 4-2　变量名称、符号及定义

变量名称	符号	定义
申请专利数	ln（1+ *PAT*）	ln（1+企业全部专利申请数）
申请发明专利数	ln（1+ *INV*）	ln（1+企业发明专利申请数）
资本密集度	ln*kl*	ln（企业固定资产原值/员工总数）
企业规模	*size*	ln（企业固定资产）
国有企业虚拟变量	*SOE*	根据企业实际控制人属性，如果是国有企业，则令 *SOE* = 1，否则 *SOE* = 0
民营企业虚拟变量	*MIN*	根据企业实际控制人属性，如果是民营企业，则令 *MIN* = 1，否则 *MIN* = 0
总资产报酬率	*ROA*	（利润总额+利息支出）/平均资产总额
杠杆率	*LEV*	总负债/总资产
企业年龄	ln*age*	ln（当年年份-企业成立年份+1）
企业年龄的平方	$\ln age^2$	［ln（当年年份-企业成立年份+1）］^{2}
托宾 *Q* 值	*Tobins_ Q*	市值 A /（资产总计 - 无形资产净额 - 商誉净额）
市场集中度	*HHI*	每一门类行业内所有企业市场占有率的平方和
独立董事比例	*indep*	独立董事人数/董事会总人数
第一大股东持股比例	*share*	第一大股东持股/总股本

资料来源：作者整理。

表 4-3　主要变量的描述性统计

符号	样本量	均值	标准差	最小值	最大值
ln(1 + *PAT*)	28 573	1. 183 5	1. 502 5	0. 000 0	8. 681 4
ln(1 + *INV*)	27 142	0. 804 8	1. 189 7	0. 000 0	8. 585 2

续表

符号	样本量	均值	标准差	最小值	最大值
ln*ke*	28 046	12. 403 1	1. 201 9	4. 127 4	19. 316 8
size	28 573	19. 813 7	1. 718 0	7. 593 1	27. 319 8
SOE	28 573	0. 421 9	0. 493 9	0. 000 0	1. 000 0
MIN	28 573	0. 544 8	0. 498 0	0. 000 0	1. 000 0
ROA	28 447	0. 074 6	0. 110 5	-0. 975 7	10. 615 6
LEV	28 573	0. 436 7	0. 204 7	0. 007 1	0. 996 4
ln*age*	28 573	2. 643 1	0. 440 6	0. 000 0	4. 143 1
$\ln age^2$	28 573	7. 180 0	2. 172 9	0. 000 0	17. 165 6
Tobins_ Q	24 961	2. 476 9	3. 417 7	0. 054 4	255. 766 2
HHI	28 573	0. 008 7	0. 010 4	0. 001 4	0. 187 5
indep	28 045	0. 359 8	0. 065 6	0. 000 0	1. 000 0
share	26 633	0. 370 3	0. 159 8	0. 002 9	1. 000 0

资料来源：作者整理。

三、数据说明

（一）研究对象的选取和数据来源

1. 研究对象的选取。本章选取 2003—2017 年中国沪深 A 股非金融类上市企业作为研究对象。之所以选取上市企业是因为上市企业，有系统的财务核算制度，财务数据不仅具有可靠性和延续性，而且更新快。目前国内经常使用的企业数据主要有两类，中国工业企业数据和上市企业数据。前者来源于“中国工业企业数据库”，由国家统计局公布，收录了中国全部国有以及销售额在 500 万元以上（2011 年“规模以上”的标准改为年销售额 2 000 万元以上）非国有工业企业数据，目前该数据库已更新到了 2013 年。然而，利用该数据库开展的研究中，较常使用的年份区间在 1998—2007 年，仅有少部分文献使用了到 2013 年的数据，主要原因是：首先，对于后几年工业企业数据的真实性目前还存在较大质疑。有学者对后几年工业企业数据的真实性进行了细致考察，发现了数据虚假的证据。例如，陈林（2018）经过细致比对发现，2010 年企业数据的资本结构异常，存在恶意编造的可能性。其次，2008 年后很多关键指标存在缺失。例如，工业增加值、工业中间投入、当年折旧等指标存在局部缺失，固定资产、从业人员平均人数等指标基本缺失等问题（陈林，2018）。指标的大幅度缺失会导致研究结论存在一定的偏误。此外，后几年的数据还存在统计口径不一致等一系列有待解决的问题。所以，为了确保研究结论具有可靠性，使用该数据库时需要尽可能利用2007年及之前的数据，而这又会因数据年份太过久远而使得研究结论无法很好地指导实践。上市企业数据则能够很好地克服该问题，不仅年份长，而且可靠性高。

选取2003—2017年的原因为：20世纪80年代到2003年以前，中国对外直接投资实行较为严格的审批管理制度，企业向海外进行投资需获取审批，规模较小；2003年，商务部发布《关于做好境外投资审批试点工作有关问题的通知》，开展下放境外投资审批权限、简化审批手续的改革试点，中国对外直接投资规模初现扩大苗头；紧接着在2004年，发改委又颁布了第21号令《境外投资项目核准暂行管理办法》，将对外投资管理体制正式由审批制改为核准制，即只要符合相关规定，企业便可向海外投资，中国对外直接投资规模步入迅速扩张期。因此，2003年可以视为中国对外直接投资规模初步扩张的年份，将2003—2017年作为样本的年度区间计算得出的是中国对外直接投资扩张之初到2017年服务型对外直接投资对企业自主创新产生的整体促进作用，更能真实地反映服务型对外直接投资对企业自主创新的影响。此外，由于后续倾向得分匹配过程中用到了企业服务型对外直接投资前一年的数据，所以实际区间为2002—2017年。

2. 数据来源。本章主要使用了三套数据，具体如下：

第一套是上市企业的基本信息和财务数据，来自“Wind数据库”①，可用于确定企业所有制性质并计算企业规模、生产率、资本密集度等一系列指标。需要注意的是，该数据库中并不包括企业申请专利与对外直接投资的任何信息，因此，需要使用其他数据库来进行补充。

第二套是衡量企业自主创新的数据，来自“中国创新专利研究数据库”。该数据库收录了1988年至今所有上市企业申请或授权的专利数据，并区分了发明、实用新型和外观设计三种类别，可用来衡量企业自主创新水平指标。

---

① 部分数据（如海外业务收入、托宾Q值）使用“国泰安数据库”进行了补充；其中，海外业务收入来自“国泰安数据库”中的财务报表附注数据库。

第三套是含有企业对外直接投资行业、投资类型（是否为服务型）、投资金额、投资模式等丰富信息的数据，来自本章新建的“中国企业对外直接投资全新数据库”。目前研究对外直接投资方面，可以明确区分投资行业类别并含有投资金额等信息的数据主要来自商务部、国家统计局、国家外汇管理局联合发布的《中国对外直接投资统计公报》（以下简称《公报》），但《公报》仅公布行业和国家层面的宏观数据，不适合进行企业层面的研究，而最常用的《名录》信息又有限，无法用来精确区分投资行业是否是服务业，不能用来开展本文的研究，而且它还缺乏投资金额、投资模式等子项，不利于对本主题进行更为细致的研究。为此，本章从对外直接投资模式的角度入手，分别搜集了含有丰富投资行业信息的中国企业跨国并购和绿地投资的数据，然后合并为“中国企业对外直接投资全新数据库”。

其中，跨国并购的数据来自“BvD-Zephyr 数据库”，绿地投资的数据来自“fDi Markets 数据库”。“BvD-Zephyr 数据库”收录了 1997 年以来世界各地发生的境内并购和跨国并购的交易数据，包括并购方和被并购方的企业名称、所属行业（包含 UK SIC 2007 五分位的行业代码及行业描述），以及并购金额、交易日期等一系列子项，是目前研究跨国并购较常用的数据库。“fDi Markets 数据库”包含母公司名称、海外设立的子公司名称、投资行业、标的国、投资金额、创造就业量等 20 多个子项，是信息含量较为全面的跨境绿地投资数据库。就投资行业而言，该数据库中的分类较为详细，包括 17 个行业集群（Cluster）、18 个行业活动（Industry Activity）、39 个行业部门（Industry Sector）及 230 多个子部门（SubSector）。联合国贸易和发展会议（UNCTAD）每年一度发布的《世界投资报告》关于绿地投资的数据也是来自该数据库。本章根据行业定义将上述两个数据库中的境外投资行业分别与 2011 年二分位国民经济行业分类（GB/T4754—2011）代码一一进行匹配，并参考国家统计局设管司发布的《三次产业划分规定（2013）》标记投资类型（是否为服务型）①，然后将跨国并购与绿地投资的数据进行合并即为本章要使用的“中国企业对外直接投资全新数据库”，该数据库中包含有母公司名称及代码、交易

① 《三次产业划分规定（2013）》根据二分位的《国民经济行业分类》（GB/T 4754—2011）对农业、工业和服务业进行了明确划分，本书将投资行业为服务业的企业投资类型标记为服务型，将投资行业为农业或工业的企业投资类型标记为非服务型。（网址：http：//www. stats. gov. cn/tjsj/tjbz/201301/t20130114_ 8675. html）。

日期、境外投资子公司名称、子公司所属行业①、投资目的国、投资类型（是否为服务型）、投资金额等重要信息。

（二）数据处理

本章的研究重点是服务型对外直接投资对中国企业自主创新的影响，因此需要将可以计算企业生产率、企业规模等各个指标的“Wind 数据库”与含有企业申请专利信息的“中国创新专利研究数据库”及含有企业对外直接投资行业信息的“中国企业对外直接投资全新数据库”进行合并。具体处理过程如下：

首先，从“Wind 数据库”中导出沪深两市 A 股非金融类上市企业的财务数据，根据企业股票代码与“中国创新专利研究数据库”进行匹配，补充上市企业专利数据。

其次，根据企业名称与“中国企业对外直接投资全新数据库”匹配，完善上市企业对外直接投资的数据。为了得到一致的估计，本章进一步剔除了借壳上市、ST 股、资产负债率大于 1（可能资不抵债）或小于 0 的观测值。

再次，考虑到中国本土企业在对外直接投资过程中存在“返程投资”的现象，即投资者大多向中国香港、维尔京群岛、百慕大群岛和开曼群岛等国际避税地进行投资，然后再以对外直接投资的方式回到国内市场。其动机主要是融资或转变企业所有制性质以享受国内政策方面对外资企业的税收优惠等，而非为了寻求市场、技术等一般动机。因此，本章在样本中剔除了这类观测值。

从次，本章将有过服务型对外直接投资行为的企业设为处理组，从未对外直接投资过的企业设为对照组。需要注意的是，部分处理组企业在样本期间内进行过多次对外直接投资，参考既有研究的做法（冼国明、明秀南，2018；周茂等，2015），本章使用样本期内首次进行服务型对外直接投资的交易来考察企业的服务型对外直接投资行为。

最后，得到 2003—2017 年②进行过服务型对外直接投资的企业 277 家，完全没有进行过对外直接投资的企业 2 803 家。

① 用 2011 年二分位国民经济行业分类代码标记。

② 本章在使用 PSM 方法匹配时需要用到企业投资前一年的数据，因此，实际样本区间为 2002—2017 年。

第四节　估计结果与分析

一、倾向得分匹配及匹配结果

（一）倾向得分匹配思路

本章借鉴倾向得分匹配法（PSM）（Rosenbaum & Rubin，1983），从没有对外直接投资行为的样本企业中寻找与选择进行服务型对外直接企业的特征相似的样本（对照组），以替代那些实际上进行了服务型对外直接投资（处理组）但假定其没有投资行为时的自主创新水平的对比企业。基本思路是：首先，假定处理组和对照组企业的差异可以由企业在投资之前的一系列协变量所反映，根据这些变量可以确定企业选择进行服务型对外直接投资的决策概率。估算方程为的二分因变量 Logit 模型，如式（4-4）所示：

$$P(du_{i,0} = 1 \mid Z_{i,-1}) = F(Z_{i,-1}\theta) = \frac{\exp(Z_{i,-1}\theta)}{1 + \exp(Z_{i,-1}\theta)} \tag{4-4}$$

式中，下标 0 表示企业首次进行服务型对外直接投资，下标-1 表示企业首次服务型对外直接投资前一期（非服务型对外直接投资状态）。$Z_{i,-1}$ 为决定企业是否进行服务型对外直接投资的影响因素，也即本章的匹配协变量，包括全要素生产率、资本密集度、企业规模、国有企业虚拟变量、民营企业虚拟变量、企业所属行业及所在省份（Girma et al，2004；蒋冠宏、蒋殿春，2014），全要素生产率采用国际前沿的 ACF 法测算，其他变量的衡量方法与本章第三节一致。θ 为各变量的系数。$F(Z_{i,-1}\theta)$ 表示服从 Logistic 分布（Logistic distribution）的累积分布函数。$P(du_{i,0} = 1 \mid Z_{i,-1})$ 为倾向得分值（Pscore），即给定变量 $Z_{i,-1}$ 的情况下企业选择服务型对外直接投资的条件概率。其次，根据估计出的倾向得分值，按照最近邻匹配原则以 1∶3 的配对比例进行无放回匹配，获得与服务型对外直接投资企业投资前有近似特征的样本。

（二）全要素生产率的计算

正如第二章第三节所提到的，生产率是影响企业是否进行服务型对外直接投资的重要因素，因此，如何对企业全要素生产率（TFP）进行精确估计对本章研究而言至关重要。计算 TFP 需要解决的一大难题是如何克服同时性偏差（simultaneity bias）。同时性偏差是指企业决策者会根据当期可观测到的效率而调整要素投入组合，从而使得代表生产率的残差项和回归项相关，导致常规方法的估计结果产生偏误。国内研究常采用 Olley-Pakes 法（简称“OP 法”）和 Levinsohn-Petrin 法（简称“LP 法”）来解决这个问题（杨汝岱，2015；鲁晓东、连玉君，2012）。其中，OP 法用投资来代理不能观测到的生产率冲击，具体做法是：假定企业当期的投资决策会受到生产率的影响，且预期生产率越高，企业投资规模越大，进而构建出含有生产率冲击的投资方程，然后使用投资方程的反函数来表示生产率，以此控制内生性问题，进而得到资本投入等变量的一致估计（Olley & Pakes，1996）。由于 OP 法假定投资是生产率的单调增函数，因此，投资额必须为正值，但在现实中，很多企业不一定每年有正投资，使用 OP 法计算会使得大量的样本被舍弃。针对这个问题，有学者认为，可以将中间投入当作代理变量，假定中间投入是生产率的增函数（Levinsohn & Petrin，2010）。与投资相比，中间投入大部分为正值，还具有易调整、易与经济理论相联系的优点，因此，估计结果比 OP 法更可靠。

但是，也有学者认为，OP 法和 LP 法都有着“函数相关性”问题，即劳动力是其他变量的确定函数，会使得这两种方法在估计上不可识别并产生内生性问题，他们通过将劳动投入纳入中间投入函数改善了这一问题（Ackerberg et al，2015）。因此，本章将采用阿克伯格（Ackerberg，2015）的方法（ACF 法）来计算企业生产率，同时借鉴戴觅等（2014）的思路，分门类行业对 TFP 进行估计，允许不同行业的生产函数存在差异。具体计算过程如下：

首先，假定企业生产函数满足柯布-道格拉斯（C-D）形式：

$$Y_{it} = \pi_{it} K_{it}^{\beta_k} L_{it}^{\beta_l} \tag{4-5}$$

式中，Y_{it} 表示企业 i 在 t 时刻的产出附加值，K_{it} 和 L_{it} 分别表示资本和劳动，π_{it} 表示生产率，β_l 和 β_k 是资本和劳动的弹性系数。

对上式取对数后可得更一般的形式：

$$y_{it} = \beta_l l_{it} + \beta_k k_{it} + v_{it} + \varepsilon_{it} \tag{4-6}$$

式中，l_{it}、k_{it}、v_{it} 分别为 L_{it}、K_{it}、π_{it} 的对数值，ε_{it} 是随机误差项。

假设企业 i 在 t 时刻的中间投入是资本、生产率和劳动力的函数，且中间投入是生产率的单调增函数：

$$m_{it} = \tilde{m}_{it}(k_{it},\ v_{it},\ l_{it}) \tag{4-7}$$

对中间投入取反函数，可以得到生产率函数：

$$v_{it}(k_{it}, m_{it}, l_{it}) = \tilde{m}_{it}^{-1}(k_{it}, m_{it}, l_{it}) = h(k_{it}, m_{it}, l_{it}) \tag{4-8}$$

接下来，通过两步法计算生产率。第一步：将式（4-7）代入式（4-5）可得，

$$y_{it} = \phi(k_{it}, m_{it}, l_{it}) + \varepsilon_{it} \tag{4-9}$$

$$\phi(\bullet) = \beta_l l_{it} + \beta_k k_{it} + h_t(k_{it}, m_{it}, l_{it}) \tag{4-10}$$

采用非参数方法，即劳动、资本、中间投入的三阶多项式来对未知函数 $\phi(\bullet)$ 进行拟合，得到无偏估计 ϕ_{it}，生产率可以进一步表示为：

$$v_{it}(k_{it}, l_{it}) = \phi_{it} - \beta_k k_{it} - \beta_l l_{it} \tag{4-11}$$

第二步：使用 GMM 估计 β_l 和 β_k。生产率服从一阶马氏过程，则：

$$v_{it} = E(v_{it} \mid v_{i,t-1}) + \xi_{it} = \tilde{g}(v_{i,t-1}) + \xi_{it} = \tilde{g}(\phi_{i,t-1} - \beta_k k_{i,t-1} - \beta_l l_{i,t-1}) + \xi_{it} \tag{4-12}$$

$$y_{it} = \beta_l l_{it} + \beta_k k_{it} + \tilde{g}(\phi_{i,t-1} - \beta_k k_{i,t-1} - \beta_l l_{i,t-1}) + \xi_{it} + \varepsilon_{it} \tag{4-13}$$

建立如下矩条件，通过 GMM 估计求出参数 β_l 和 β_k。将求出的参数代入式（4-11）即可求得生产率（tfp_ACF）。

$$E\left\{(\xi_{it} + \varepsilon_{it})\begin{pmatrix} k_{it} \\ l_{i,t-1} \end{pmatrix}\right\} = 0 \tag{4-14}$$

各个指标的计算过程如下：

1. 产出附加值 Y_{it}：产出附加值的计算方法有收入法和产出法，为了减小计算误差，本章使用二者的均值来进行核算，然后用各个省的工业品出厂价格指数平减。其中，

收入法计算的附加值=固定资产折旧+劳动报酬总额+营业税金及附加+营业利润

产出法计算的附加值=营业收入-中间投入

中间投入=营业成本+销售费用+财务费用-支付给职工以及为职工支付的现金-固定资产折旧

2. 资本存量 K_{it}：本章使用永续盘存法来计算企业资本存量。具体地，首先，本章将出现企业数据的最小年份对应的资本存量作为初始资本存量，当期投资（I_{itreal}）用企业固定资产净值之差来计算，并用各省固定资产投资价格指数平减。然后代入公式 $K_{it} = I_{itreal} + K_{it-1}$，$K_{it}$ 和 K_{it-1} 分别表示企业本期和上一期的实际固定资本存量。

3. 实际中间投入：用 GDP 平减指数对已计算出的中间投入进行平减①。

① 本章所涉及的价格指数数据均来自“中经网统计数据库”。

4. 劳动投入 L_{it}：用职工人数表示。

（三）倾向得分匹配（PSM）结果

利用倾向得分匹配法，本章最终成功为 214 家处理组企业匹配到了 467 家对照组企业。需要注意的是，有部分企业缺乏首次服务型对外直接投资前一年数据或倾向得分不在共同取值范围中，匹配后，处理组企业由 277 家下降为 214 家。此外，由于同一年度进行 1：3 匹配时存在重复配对的企业样本，因此最终匹配结果未呈现 1：3。为了检验匹配效果，本章对每年的匹配结果都进行了平衡性假设检验。表 4-4 列出了连续性协变量的检验结果①，可以发现，匹配前存在明显差异的协变量，在匹配后，t 统计量都不再显著，即影响企业是否进行服务型对外直接投资的变量在两组企业间无差异，从而保证了“服务型对外直接投资”行为的随机性，满足使用 DID 方法的前提条件。

表 4-4　倾向得分匹配的平衡性检验

变量		2016 年的匹配结果				2015 年的匹配结果			
		均值		t 值	P 值	均值		t 值	P 值
		处理组	对照组			处理组	对照组		
tfp_ ACF	匹配前	7.234	4.793	3.11	0.002	6.235	5.098	1.82	0.068
	匹配后	7.234	6.742	0.29	0.771	6.235	6.001	0.23	0.819
size	匹配前	20.088	19.391	1.92	0.055	20.196	19.543	2.44	0.015
	匹配后	20.088	20.342	-0.55	0.589	20.196	20.041	0.39	0.700
ln*kl*	匹配前	12.075	12.208	-0.46	0.643	12.339	12.337	0.01	0.990
	匹配后	12.075	12.235	-0.39	0.702	12.339	12.377	-0.15	0.885

注：（1）t 检验的原假设为处理组和控制组组的样本均值相等；

（2）本表报告的是 2015 年和 2016 年企业倾向得分匹配的平衡性检验结果，其他年份与之类似。

二、基准估计结果

基于 PSM 方法的处理结果，本章采用 DID 方法，用式（4-3）进行估计，表 4-5（a）和（b）报告了估计结果。从表 4-5（a）第（1）列的结果可以

① 本章仅列出了两年的检验结果，其他年份同理。

看出，使用专利申请数作为因变量，核心解释变量 $du \times dt$ 的系数在5%的水平上显著为正，说明服务型投资对企业自主创新水平有正向促进作用。第（2）~（4）列的结果显示，加入行业-省份-时间固定效应及各控制变量后，系数和显著性仍然稳健，进一步说明处理组企业自主创新水平比对照组在投资之后上升幅度更大，即服务型对外直接投资显著促进了企业自主创新水平的提升。表4-5（b）是使用发明专利申请数量作为因变量的回归结果，发现和使用专利申请数量的结果基本一致，核心解释变量 $du \times dt$ 的系数为正，并且至少在5%的水平下显著。如果以专利申请数作为企业自主创新数量的衡量指标，以发明专利申请数作为企业自主创新质量的衡量指标（冼国明、明秀南，2018），则基准估计的结果表明，服务型对外直接投资不仅有助于提升中国企业自主创新数量，更重要的是还能够提升企业自主创新质量。此外，由表4-5（a）第（4）列和表4-5（b）第（4）列的估计系数可知，服务型对外直接投资使得企业专利申请数量平均增加40.09个百分点，使得企业发明专利申请数量平均增加34.04个百分点。借鉴一些学者的思路可以得出如下经济含义：相对于平均专利申请数1.5910而言，服务型对外直接投资使得企业专利申请数量上升了25.20%（0.4009/1.5910）；相对于平均发明专利申请数量1.0860而言，服务型对外直接投资使得企业发明专利申请数量上升了31.34%（0.3404/1.0860）（Li et al，2016）。由此可知，服务型对外直接投资在提升企业自主创新水平问题上发挥着显著而且重要的作用。

表4-5

（a）服务型对外直接投资对企业自主创新影响的DID估计结果（全部专利）

	全部专利：ln（1+*PAT*）			
	（1）	（2）	（3）	（4）
$du \times dt$	0.4228**	0.4439***	0.3535**	0.4009***
	（2.3925）	（2.9171）	（2.4718）	（2.7067）
平均专利数	1.5910	1.5910	1.5910	1.5910
du	0.4700***	0.4616***	0.3715***	0.3845***
	（3.5679）	（4.2273）	（3.4771）	（3.4416）

续表

	全部专利：ln（1+*PAT*）			
	（1）	（2）	（3）	（4）
dt	0.439 0***	0.041 6	-0.076 0	-0.074 0
	(5.696 7)	(0.420 0)	(-0.795 1)	(-0.760 4)
ln*ke*			-0.301 4***	-0.314 0***
			(-6.247 8)	(-6.326 7)
size			0.304 7***	0.360 9***
			(6.662 4)	(6.662 5)
SOE			-0.261 0	-0.276 5
			(-0.867 7)	(-0.956 5)
MIN			-0.093 7	-0.143 0
			(-0.319 9)	(-0.502 4)
ROA				0.655 8
				(1.202 6)
LEV				-0.653 7***
				(-2.707 0)
ln*age*				1.440 7***
				(2.785 9)
ln*age*^{2}				-0.327 1***
				(-2.925 3)
QB				-0.011 7
				(-0.752 9)
HHI				-10.270 7*
				(-1.856 3)
indep				-1.000 7
				(-1.423 8)

续表

	全部专利：ln（1+*PAT*）			
	（1）	（2）	（3）	（4）
share				0.031 1
				（0.098 6）
行业效应	不控制	控制	控制	控制
省份效应	不控制	控制	控制	控制
时间效应	不控制	控制	控制	控制
观测值	8 167	8 167	8 029	7 448
R^2	0.062 2	0.294 8	0.333 7	0.349 0

注：（1）括号中为 *t* 值；

（2）*、**、*** 分别表示显著性水平为 10%、5%和 1%；

（3）所有回归均采用了以企业为聚类变量的聚类稳健标准误。

（b）服务型对外直接投资对企业自主创新影响的 DID 估计结果（发明专利）

	发明专利：ln（1+*INV*）			
	（1）	（2）	（3）	（4）
du × *dt*	0.373 9**	0.402 1***	0.311 8**	0.340 4***
	（2.415 4）	（2.930 7）	（2.463 8）	（2.627 0）
平均专利数	1.086 0	1.086 0	1.086 0	1.086 0
du	0.351 1***	0.324 3***	0.256 9***	0.267 6***
	（3.449 4）	（3.666 3）	（2.979 6）	（2.991 7）
dt	0.400 7***	0.034 5	−0.093 2	−0.088 4
	（6.727 6）	（0.420 7）	（−1.181 0）	（−1.097 5）
ln*kl*			−0.226 1***	−0.240 2***
			（−5.219 8）	（−5.366 8）
size			0.274 8***	0.336 1***
			（6.552 3）	（6.566 5）
SOE			0.120 8	0.090 3
			（0.509 9）	（0.385 5）

续表

	发明专利：ln（1+*INV*）			
	(1)	(2)	(3)	(4)
MIN			0.231 7	0.171 2
			(1.012 3)	(0.752 5)
ROA				0.368 7
				(0.802 0)
LEV				−0.473 3**
				(−2.179 8)
ln*age*				1.058 8**
				(2.518 2)
$\ln age^2$				−0.234 1**
				(−2.500 7)
QE				0.002 5
				(0.198 3)
HHI				−16.125 1***
				(−3.543 2)
indep				−0.703 9
				(−1.143 0)
share				−0.071 9
				(−0.264 2)
行业效应	不控制	控制	控制	控制
省份效应	不控制	控制	控制	控制
时间效应	不控制	控制	控制	控制
观测值	8 167	8 167	8 029	7 448
R^2	0.064 7	0.244 0	0.290 2	0.307 7

注：(1) 括号中为 *t* 值；

(2) *、**、*** 分别表示显著性水平为 10%、5%和 1%（本章下同）；

(3) 所有回归均采用了以企业为聚类变量的聚类稳健标准误（本章下同）。

三、稳健性分析

（一）改变自主创新水平测度指标

基准回归中，本章分别采用企业专利申请数和发明专利申请数来测算自主创新水平。为了稳健起见，根据现有研究（Griliches，1979；Hagedoorn & Cloodt，2003；Liu & Ma，2016；Ueda & Hirukawa，2003；蔡卫星等，2019），此部分分别使用研发密度（*rd*，研发支出占营业收入的比重）、全要素生产率（*tfp_ ACF*）、获得专利［$\ln(1+P)$，获得专利数加 1 取对数］、获得发明专利［$\ln(1+I)$，获得发明专利数加 1 取对数］重新衡量企业自主创新活动。表 4-6 第（1）到（4）列的回归结果表明，对企业自主创新水平的不同衡量方式不会对研究结论产生影响。此外，借鉴一些学者的思路（Liu & Qiu，2016），采用公式 $\ln(patent+\sqrt{1+patent^2})$ 来重新对企业专利申请数和发明专利申请数进行处理（*lnPnew*、*lnInew*），表 4-6 第（5）、（6）列的回归结果显示，核心解释变量 $du \times dt$ 的估计系数为正，且在 5%的水平上显著，再次表明，服务型对外直接投资在促进企业自主创新方面起到了积极作用。

表 4-6　稳健性检验：改变自主创新水平测度指标

	研发密度	全要素生产率	获得专利		改变计算公式	
	（1）	（2）	（3）	（4）	（5）	（6）
	rd	*tfp_ ACF*	$\ln(1+P)$	$\ln(1+I)$	ln*Pnew*	ln*Inew*
$du \times dt$	0.017 4***	0.121 6**	0.493 4***	0.431 1***	0.420 7**	0.406 8**
	（3.051 4）	（2.323 9）	（3.471 4）	（3.823 7）	（2.522 8）	（2.560 8）
du	−0.005 1	0.102 6**	0.282 5***	0.127 1**	0.444 9***	0.415 4***
	（−0.832 4）	（2.386 4）	（2.727 9）	（1.963 6）	（3.465 3）	（3.484 5）
dt	−0.002 2	0.015 2	−0.071 4	−0.088 2	−0.075 6	−0.081 0
	（−0.575 0）	（0.426 5）	（−0.797 3）	（−1.467 4）	（−0.674 2）	（−0.769 6）
控制变量	控制	控制	控制	控制	控制	控制
行业效应	控制	控制	控制	控制	控制	控制
省份效应	控制	控制	控制	控制	控制	控制
时间效应	控制	控制	控制	控制	控制	控制

续表

	研发密度	全要素生产率	获得专利		改变计算公式	
	(1)	(2)	(3)	(4)	(5)	(6)
	rd	*tfp_ ACF*	ln(1 + *P*)	ln(1 + *I*)	ln*Pnew*	ln*Inew*
观测值	2 533	7 223	7 448	7 448	7 448	7 448
R^2	0. 449 4	0. 980 9	0. 359 3	0. 304 5	0. 353 8	0. 350 0

（二）安慰剂检验

为了检验估计得到的服务型对外直接投资对企业自主创新的影响是否源于其他不可观测因素，本小节通过随机抽样构建虚假的处理组和对照组进行了安慰剂检验。在本章的样本中，2003—2017 年分别有 5、6、3、4、7、14、13、10、13、23、15、13、35、37、16 家企业进行了服务型对外直接投资。与此相对应地，首先从 2003—2017 年中随机抽取 1 年，不放回地抽取 15 次，分别记为 *t*1、*t*2……*t*14、*t*15；其次，在各个抽取年份不放回地从样本中分别抽取 5、6……37、16 家企业作为处理组（共 214 家），按 1 : 3 的比例抽取 15、18……111、48 家（共 642 家）企业作为对照组；最后，对构建的两组企业重新使用式（4-3）进行估计。为避免偶然事件对结果造成干扰，此部分进行了 500 次随机模拟，由此分别得到因变量为专利申请数 ln(1 + *PAT*) 与发明专利申请数 ln(1 + *INV*) 的 500 个估计系数，两组系数的核密度分布图分别如图 4-5（a）和（b）所示（见图中实线），根据图中估计系数的分布并结合表 4-5（a）第（4）列和表 4-5（b）第（4）列中得出的 $du \times dt$ 系数真实值 0. 400 9 和 0. 340 4（见图中虚线）可知，DID 基准估计得出的系数与安慰剂检验的系数存在明显差异，进一步的单样本 *t* 检验也验证了这一结论。这再次说明，企业自主创新水平的差异主要来自服务型对外直接投资而非其他不可观测的因素。

（三）其他稳健性检验

本小节就其他可能对研究结论产生影响的问题进行检验。

第一，改变匹配比例。基准回归中在进行倾向得分匹配时，采用了 1 : 3 的最近邻匹配法，为了排除匹配比例对结果产生的影响，接下来分别使用 1 : 4 和 1 : 5 的比例重新为处理组企业匹配对照组，然后使用式（4-3）进行回归。结果见表 4-7，可以发现 $du \times dt$ 的系数依旧显著为正，本章的结论是稳

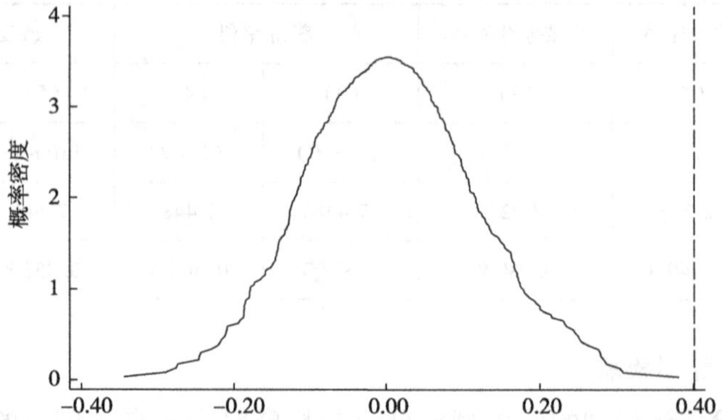

（a）全部专利

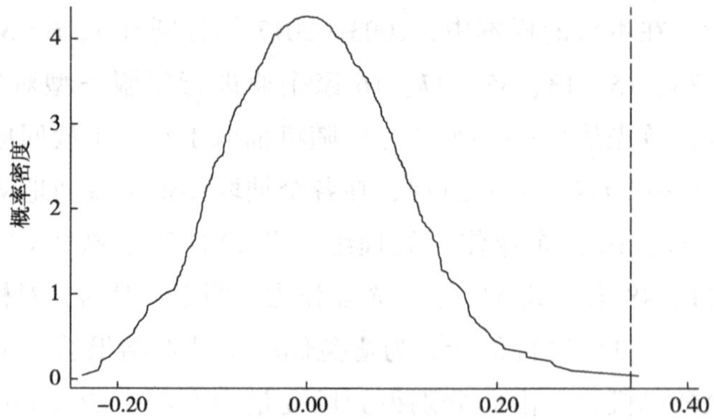

（b）发明专利

图 4-5　安慰剂检验估计系数的核密度分布图（500 次随机模拟）

健的。

第二，改变估计方法。专利申请数量是非负的整数值，基准回归中对其取了对数，根据现有研究，对于样本中零值较多①的非负整数可以采用混合负二项和零膨胀负二项模型回归，估计结果见表 4-8，可以看出，$du \times dt$ 的估计系数依旧显著为正，并且在 1%的水平下显著，说明服务型对外直接投资对企业自主创新的影响不受估计方法改变的影响。

① 在本章使用的数据集中，专利申请数量为 0 的观测值有 3 425 个，约占样本总数的 41.94%（3 425/8 167），发明专利申请数量为 0 的观测值有 3 881 个，约占样本总数的 47.52%。

表 4-7　其他稳健性检验：改变匹配比例

	ln(1 + *PAT*)		ln(1 + *INV*)	
	(1) PSM 1 : 4	(2) PSM 1 : 5	(5) PSM 1 : 4	(6) PSM 1 : 5
du × *dt*	0. 416 6***	0. 345 4**	0. 348 9***	0. 295 9**
	(2. 875 2)	(2. 388 5)	(2. 734 1)	(2. 305 5)
du	0. 399 9***	0. 440 2***	0. 289 6***	0. 325 7***
	(3. 704 4)	(4. 085 9)	(3. 319 4)	(3. 751 5)
dt	−0. 130 4	0. 036 5	−0. 116 9*	0. 020 1
	(−1. 521 9)	(0. 450 0)	(−1. 647 9)	(0. 295 8)
控制变量	控制	控制	控制	控制
行业效应	控制	控制	控制	控制
省份效应	控制	控制	控制	控制
时间效应	控制	控制	控制	控制
观测值	8 613	9 735	8 613	9 735
R^2	0. 343 6	0. 332 6	0. 304 0	0. 287 6

表 4-8　其他稳健性检验：改变估计方法

	ln(1 + *PAT*)		ln(1 + *INV*)	
	(1) 混合负二项	(2) 零膨胀负二项	(3) 混合负二项	(4) 零膨胀负二项
du × *dt*	0. 459 7***	0. 408 6***	0. 412 1**	0. 516 9***
	(2. 696 5)	(4. 233 1)	(2. 173 2)	(4. 565 4)
du	0. 650 6***	0. 653 0***	0. 523 7***	0. 398 5***
	(4. 355 7)	(9. 238 5)	(3. 327 0)	(4. 583 0)
dt	−0. 183 1	−0. 193 5***	−0. 139 0	−0. 144 5*
	(−1. 522 1)	(−2. 838 2)	(−1. 103 9)	(−1. 811 2)
控制变量	控制	控制	控制	控制
行业效应	控制	控制	控制	控制
省份效应	控制	控制	控制	控制

续表

	$\ln(1+PAT)$		$\ln(1+INV)$	
	(1) 混合负二项	(2) 零膨胀负二项	(3) 混合负二项	(4) 零膨胀负二项
时间效应	控制	控制	控制	控制
观测值	7 448	7 448	7 448	7 448
R^2	—	—	—	—

四、异质性分析

本章前几部分考察了服务型对外直接投资对母公司自主创新的影响，并从多个角度对研究结论进行了稳健性检验，验证了服务型对外直接投资在提高企业自主创新水平上的积极作用。那么，服务型投资对企业自主创新的影响在企业及东道国层面有什么样的异质性效应？为了回答这个问题，接下来将通过异质性检验来进一步分析服务型投资对企业自主创新水平的影响。

（一）区分母公司管理效率

管理效率体现了企业的运营组织能力，是除生产率以外衡量企业异质性的重要指标（Bloom et al，2018；Qiu & Yu，2015）。管理效率较高的企业可以更好地根据外部环境和自身经营状况做出最优的投入决策（Lev & Radhakrishnan，2005；孙浦阳等，2018），进而助力提升企业的创新绩效（程虹等，2018）。高管理效率企业在进行服务型对外直接投资之后，更有可能在海外市场上准确选择与企业生产或创新活动匹配程度最高的创新资源投入，即面对服务型对外直接投资时在海外市场上选择创新资源效率更高。另一方面，服务型对外直接投资主要获取的是海外非生产型人力资本，其是在海外服务人员与母公司人员互动中发挥作用的，需要双方在文化、知识、技能水平等方面进行整合。而高管理效率企业一般拥有更高质量的人力资本（程虹，2018），在企业进行服务型对外直接投资的背景下，高管理效率企业在海外雇用高水平人才时，能够通过恰当的人力安排调度有效降低母子公司之间人员交流的摩擦成本，高质量的劳动力更促进了海外子公司对母公司创新资源流通效应的发挥，从而获得更大的创新促进作用。因此，本小节预期服务型对外直接投资更有利于提高高管理效率企业的创新水平。接下来，本小节对高管理效率和低管理效率企业进行分样本估计，考察服务型对外直接投资对不同管理效率企业自主创新水平的差异化影响。借鉴现有研究的思路（Bloom & Van Reenen, 2007；孙浦阳等, 2018），本小节从人均管理费用的角度衡量管理效率，该值越大代表企业管理效率越差。具体地，本小节取各行业下企业服务型对外直接投资前人均管理费用均值（$\overline{PM_f}$）的中位数（M）作为分界，将各行业内大于中位数的企业定义为低管理效率的企业，即 $\overline{PM_f} > M$ 时，$ME_f = 1$；小于中位数的企业定义为高管理效率企业，即 $\overline{PM_f} \leq M$ 时，$ME_f = 0$。表 4-9 汇报了相应的回归结果。结果显示，服务型对外直接投资对那些投资前管理效率水平比较高的企业创新促进作用更大，从而证实了前述预期。

表 4-9　异质性分析：管理效率

	$\ln(1+PAT)$		$\ln(1+INV)$	
	(1) 管理效率高	(2) 管理效率低	(3) 管理效率高	(4) 管理效率低
$du \times dt$	0. 857 3***	0. 029 2	0. 707 5***	0. 048 5
	(4. 408 6)	(0. 151 1)	(4. 258 2)	(0. 271 4)
du	0. 249 0*	0. 346 6**	0. 160 0	0. 240 8*
	(1. 666 2)	(2. 143 5)	(1. 458 0)	(1. 741 6)
dt	0. 007 2	−0. 118 9	−0. 029 1	−0. 119 1
	(0. 053 0)	(−0. 938 3)	(−0. 282 9)	(−0. 998 4)
控制变量	控制	控制	控制	控制
行业效应	控制	控制	控制	控制
省份效应	控制	控制	控制	控制
时间效应	控制	控制	控制	控制
观测值	3 811	3 637	3 811	3 637
R^2	0. 367 6	0. 419 1	0. 344 6	0. 361 8

（二）区分投资模式

对外直接投资有跨国并购和绿地投资两种模式。跨国并购是在国外市场购买已经存在企业的部分或全部股权，绿地投资是直接在国外新建一个企业（Barkema & Vermeulen, 1998）。研究表明，企业选择何种投资模式进入国际市场与企业是否具有可转移优势抑或是不可转移优势有关（Nocke & Yeaple,

2007)；更为具体地，与企业的生产率、规模、资本密度、出口额等因素有关(蒋冠宏、蒋殿春，2017；周茂等，2015)，而且不同投资模式可能对母公司产生不同的经济效应（阎虹戎等，2018），对母公司创新水平的影响也可能不同。接下来对区分投资模式之后的样本使用式（4-3）进行估计（见表 4-10）。从表 4-10 的估计结果中可以发现，绿地投资模式下的核心解释变量 $du \times dt$ 系数显著为正，说明绿地投资模式对母公司自主创新水平有积极作用；与此不同的是，跨国并购模式下的 $du \times dt$ 系数不显著，即跨国并购模式不会影响母公司创新。原因可能有两点：其一，企业通过跨国并购可以直接获取海外子公司的创新成果，母公司会倾向于使用该成果而非去进行自主创新，即会产生一定程度上的创新替代效应（Liu & Qiu，2016）。而绿地投资获取的主要是东道国的创新资源而非创新成果，产生的主要是创新互补效应，因此，会促进母公司创新。其二，与绿地投资相比，跨国并购常常使企业面临文化不协调等其他整合问题，从而可能阻碍创新（Ornaghi，2009；朱治理等，2016）。例如，TCL 并购法国阿尔卡特以期实现合作研发，但因文化冲突等因素导致业务整合失败，期间消耗了母公司大量的资金和人力，进而阻碍了创新。

表 4-10　异质性分析：投资模式

	ln(1 + *PAT*)		ln(1 + *INV*)	
	（1）绿地投资	（2）跨国并购	（3）绿地投资	（4）跨国并购
$du \times dt$	0.467 7***	0.157 1	0.468 7***	0.000 9
	(2.592 7)	(0.744 9)	(2.942 6)	(0.005 2)
du	0.491 0***	0.213 0	0.316 1***	0.194 6
	(3.451 4)	(1.269 5)	(2.673 4)	(1.449 1)
dt	-0.214 1*	0.154 7	-0.235 3**	0.096 5
	(-1.864 8)	(1.075 5)	(-2.319 6)	(0.867 0)
控制变量	控制	控制	控制	控制
行业效应	控制	控制	控制	控制
省份效应	控制	控制	控制	控制
时间效应	控制	控制	控制	控制

续表

	$\ln(1+PAT)$		$\ln(1+INV)$	
	（1）绿地投资	（2）跨国并购	（3）绿地投资	（4）跨国并购
观测值	4 948	3 158	4 948	3 158
R^2	0.377 5	0.365 3	0.324 8	0.335 9

注：分组回归时，本小节首先筛选出绿地投资（或跨国并购）模式下的处理组企业，然后一一找出其对应的 PSM 方法匹配上的对照组企业，合并后使用基准模型进行回归。

（三）区分省份交通基础设施建设水平

中国不同地区间的交通基础设施建设水平不同，服务型对外直接投资对中国企业自主创新的促进作用可能会因地区交通基础设施建设程度的不同而存在差异。一方面，中国作为转型期的发展中国家，企业出口会受到外部交通基础设施建设的约束（盛丹等，2011）。更加便捷的交通网络缩短了企业将产品运输到出口边境的时间和成本，降低了企业的出口风险及不确定性，因此，发达的交通基础设施有利于服务型对外直接投资“市场规模效应”机制的发挥；另一方面，地区交通基础设施越发达，投入要素和产出品的流动性就越快、市场竞争性也越大，这将能够在一定程度上促进企业创新资源配置效率的提升，有利于服务型对外直接投资对企业自主创新水平正向推动作用的实现，因此，可以预期，在交通基础设施建设更发达的省份，企业服务型对外直接投资的自主创新效应可能越大。为了更全面地评估服务型投资对企业自主创新的影响，有必要将样本区分为交通基础设施建设发达省份企业和不发达省份企业来分别进行考察。具体地，本小节首先借鉴既有研究的做法，以路网密度作为各省份交通基础设施建设水平的代理指标（Démurger，2001；Fleisher et al，2010；刘生龙、胡鞍钢，2011），即使用各省份的公路里程、铁路里程及内航河道里程之和与各个省份国土面积的比值来测度交通基础设施建设水平，然后以 2002—2017 年各省份路网密度均值的中位数为界，将高于中位数的归为交通基础设施发达的省份，低于中位数的归为不发达的省份。图 4-6 更为直观地描绘了中国各省份（此处不包括港澳台地区）2002—2017 年路网密度均值情况，从左至右路网密度依次递增，可以非常明显地看到，上海的路网密度最大，西藏的最小。位于竖实线左侧的是交通基础设施不发达的省份，右侧的是发达的省份，分组回归结果见表 4-11，可以发现，无论是以全部专利申请数还是发明专利申请数作为企业自主创新的代理指标，核心解释变量 $du \times dt$ 的估计系数符号在交通基础设施建设比较发达的省份均为正，且都在1%的水平下显著，而在不发达省份的样本中，$du \times dt$ 的系数符号尽管也为正，但均未通过统计显著性检验，从而说明服务型对外直接投资显著促进了那些地处交通基础设施发达省份企业的创新水平，而对交通基础设施落后省份的企业作用并不明显，验证了本小节的预测。因此，为充分发挥和利用服务型对外直接投资在促进中国企业自主创新中的积极作用，就应不断加强各地区交通基础设施建设。

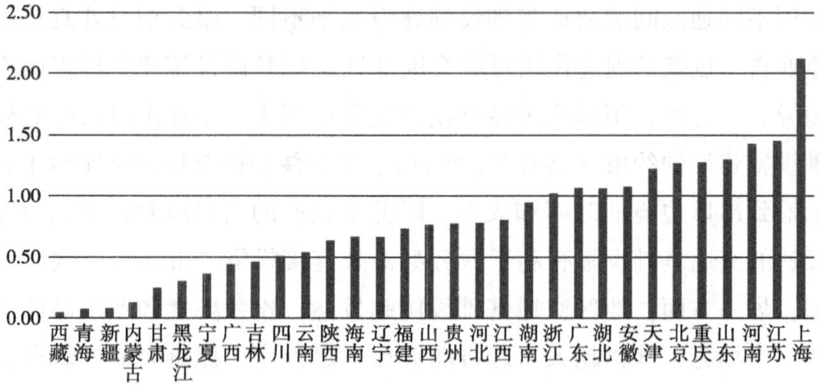

图 4-6　中国各省市（此处不包括港澳台地区）路网密度均值（2002—2017 年）

表 4-11　异质性分析：省份交通基础设施建设水平

	ln(1 + *PAT*)		ln(1 + *INV*)	
	(1) 不发达	(2) 发达	(3) 不发达	(4) 发达
$du \times dt$	0.053 2	0.488 3***	0.206 7	0.394 8***
	(0.137 5)	(3.043 2)	(0.657 7)	(2.787 1)
du	0.603 0**	0.305 6**	0.294 4*	0.231 1**
	(2.435 3)	(2.420 3)	(1.828 5)	(2.237 7)
dt	0.121 9	−0.104 4	0.003 4	−0.110 0
	(0.559 8)	(−0.984 6)	(0.018 3)	(−1.257 0)
控制变量	控制	控制	控制	控制

续表

	$\ln(1+PAT)$		$\ln(1+INV)$	
	（1）不发达	（2）发达	（3）不发达	（4）发达
行业效应	控制	控制	控制	控制
省份效应	控制	控制	控制	控制
时间效应	控制	控制	控制	控制
观测值	1 105	6 343	1 105	6 343
R^2	0.441 0	0.345 1	0.424 9	0.300 7

（四）区分东道国收入水平

东道国的发展水平不同，其营造的外部经济环境也不同，这种差异有可能对服务型对外直接投资的“创新效应”产生一定的影响。为了比较服务型投资对发展水平不同的投资东道国企业自主创新水平影响的差异，本小节根据世界银行对各国的划分标准，将样本按照东道国收入水平分为高收入和低收入两组①，进行了分样本检验，回归结果见表4-12。可以看出，无论是以全部专利申请数还是以发明专利申请数作为因变量，向高收入发达国家投资的企业样本中，核心解释变量 $du \times dt$ 的系数符合均为正，且都通过了5%水平上的显著性检验，而向低收入发展中国家投资的企业样本中，系数符号尽管都为正，但均不显著。由此表明，较之低收入发展中国家，向高收入发达国家进行的服务型投资对母公司自主创新的促进作用更大。造成这种差异的原因可能在于以下两个方面：

其一，从消费需求来看，中国作为发展中国家，与高收入发达国家的消费者需求存在着较大的差异，不同的消费习惯、需求偏好等为企业创新提供了大量的新思路来源。不仅如此，与发展中国家相比，发达国家消费者对企业提供的产品或服务还具有更高的要求，这将激励企业研发创新。

其二，从投资动机来看，企业向高收入发达国家投资主要是为了寻求市场、获取战略资产和提升企业效率，而向低收入发展中国家投资主要是为了

① 划分标准：以2016年各国人均国民总收入（本书也简称为“GNI”）为基准，人均GNI为1 005美元或更少的为低收入经济体；1 006~3 955美元的为中等收入经济体；3 956~12 235美元的为上中等收入经济体；12 236美元或更多的为高收入经济体。本小节将中高收入归入高收入组，将中低收入归入低收入组。

寻求资源。因此，与向低收入国家投资相比，向高收入国家进行服务型投资的企业更加专注于扩大市场和提升企业竞争力，更有动力去接触国际前沿的技术、管理经验、高端人才等，因此“创新效应”可能会更为明显。

表 4-12 异质性分析：东道国收入水平

	ln(1 + *PAT*)		ln(1 + *INV*)	
	（1）高收入国	（2）低收入国	（3）高收入国	（4）低收入国
du × *dt*	0.357 5**	0.502 0	0.311 5**	0.559 2
	(2.340 8)	(1.234 4)	(2.285 3)	(1.579 3)
du	0.412 3***	0.156 1	0.309 0***	0.001 1
	(3.504 8)	(0.370 7)	(3.272 8)	(0.003 4)
dt	−0.002 6	−0.336 7	−0.019 2	−0.345 9*
	(−0.026 6)	(−1.502 8)	(−0.225 2)	(−1.910 8)
控制变量	控制	控制	控制	控制
行业效应	控制	控制	控制	控制
省份效应	控制	控制	控制	控制
时间效应	控制	控制	控制	控制
观测值	6 951	842	6 951	842
R^2	0.354 2	0.538 3	0.313 1	0.498 3

注：分组回归时，本小节首先筛选出投资东道国为高收入国家（低收入国家）下的处理组企业，然后一一找出其对应的 PSM 方法匹配上的对照组企业，合并后使用基准模型进行回归。

五、影响机制分析

服务型对外直接投资是通过哪些渠道促进了企业自主创新水平的提升？结合第三章第一节的理论分析，在这一部分，将分别从“市场规模效应”、“资金流效应”和“创新资源流通效应”三个层面，对服务型对外直接投资影响企业自主创新水平的作用机理进行检验。

（一）市场规模效应和资金流效应

1. 中介效应模型的构建。接下来通过建立中介效应模型来检验前两个影响机理（即“市场规模效应”和“资金流效应”）。具体地，选择企业的海外业务收入（ln*oversea*）和融资约束程度（*finacon*）作为中介变量，分三步进行检验：

首先，将因变量对基础自变量回归；

其次，将中介变量（海外业务收入和融资约束程度）对基础自变量回归；

最后，将因变量同时对基础自变量和中介变量回归（毛其淋、许家云，2017）。据此，本小节建立的中介效应模型由如下三组回归式组成：

第一组：

$$innovation_{it} = \beta_0 + \beta_1 du_i + \beta_2 dt_{it} + \delta du_i \times dt_{it} + X'_{it}\gamma + \mu_p + \mu_c + \mu_t + \varepsilon_{it} \quad (4-15)$$

第二组：

$$\ln oversea_{it} = \beta_0 + \beta_1 du_i + \beta_2 dt_{it} + \delta du_i \times dt_{it} + X'_{it}\gamma + \mu_p + \mu_c + \mu_t + \varepsilon_{it} \quad (4-16)$$

$$finacon_{it} = \beta_0 + \beta_1 du_i + \beta_2 dt_{it} + \delta du_i \times dt_{it} + X'_{it}\gamma + \mu_p + \mu_c + \mu_t + \varepsilon_{it} \quad (4-17)$$

第三组：

$$innovation_{it} = \beta_0 + \beta_1 du_i + \beta_2 dt_{it} + \delta du_i \times dt_{it} + \theta \ln oversea_{it} + \vartheta finacon_{it} + X'_{it}\gamma + \mu_p + \mu_c + \mu_t + \varepsilon_{it} \quad (4-18)$$

2. 中介变量的测度。海外业务收入（$\ln oversea_{it}$）用企业海外业务收入加 1 取对数来衡量。融资约束程度（*finacon*）借鉴既有研究的做法，使用在异质性企业假设的基础上计算的企业资产增长率相对于现金流敏感性指标来衡量（Guariglia et al，2011；Hovakimian，2009；张杰等，2012）。基本思路如下：

首先，建立不含现金流的企业资产增长方程，估计得到随机误差项，计算公式为：

$$assetsgrowth_{it} = \alpha_0 assetsgrowth_{it-1} + \alpha_1 LEV_{it} + \alpha_2 collateral_{it} + \alpha_3 tfp\_ACF_{it} + \mu_p + \mu_c + \mu_t + e_{it} \quad (4-19)$$

式中，$assetsgrowth_{it}$ 为企业总资产的增长率（本年度企业总资产与上一年度企业总资产之差/上一年度企业总资产）；等式右侧为影响企业资产增长率的一系列因素，包括上一期的总资产增长率 $assetsgrowth_{it-1}$、企业负债杠杆率 LEV_{it}、担保抵押率 $collateral_{it}$（有形资产/总资产）、生产率 tfp_ACF_{it}。

其次，计算各个年份企业经营活动现金流占总资产的比例，使用该比例对估计得到的随机误差项加权，并与简单算术平均方式得到的随机误差项均值做差。若差值不为零，表明企业资产增长率相对现金流敏感，而这正是企业融资不足即遭受融资约束的表现。对该差值进行绝对值处理并取自然对数后即为本小节要使用的融资约束程度指标 *finacon* ，$finacon_{it}$ 越大，表明企业资产增长率相对于现金流越敏感，受到的融资约束程度越大。具体计算公式为：

$$finacon_{it} = \log \left| \frac{CF_{it}/TA_{it}}{\sum_{t=1}^{N}(CF_{it}/TA_{it})}\varepsilon_{it} - \frac{1}{N}\varepsilon_{it} \right| \tag{4-20}$$

式中，CF_{it} 为企业经营活动的现金流，TA_{it} 为企业总资产，N 为企业 i 在样本中的存续年份数。该指标包含了企业资产增长率、现金流、负债杠杆率、担保抵押率等信息，是一个能综合反映企业各个方面融资约束状况的代理变量

3. 中介效应模型的检验结果。表 4-13 和表 4-14 分别是以全部专利申请数、发明专利申请数作为企业自主创新代理变量指标的中介效应模型检验结果。以表 4-13 为例，第（1）列是对式（4-15）进行估计的结果，由于式（4-15）为基准 DID 模型，因此回归结果与表 4-5（a）的第（4）列一致。第（2）、（3）列分别是对式（4-16）、式（4-17）进行估计的结果。此外，为了稳健起见，本小节将中介变量 ln*oversea* 和 *finacon* 分别加入式（4-15）进行估计，结果汇报于第（4）、（5）列。第（6）列进一步列出了同时加入中介变量 ln*oversea* 和 *finacon* 即式（4-18）的估计结果。

从表 4-13（或表 4-14）第（2）列可以看出，核心解释变量 $du \times dt$ 的估计系数在 1%的水平上显著为正，说明服务型对外直接投资显著促进了企业海外业务收入的提升。表明企业进行服务型投资后能够更好地为海外市场消费者提供服务，扩大企业品牌知名度并降低母公司出口成本，进而扩大企业海外市场需求规模。表 4-13（或表 4-14）第（3）列报告了以融资约束程度为因变量的 DID 模型估计结果，可以看到，核心解释变量 $du \times dt$ 的估计系数在 5%的水平上显著为负，表明服务型投资缓解了企业的融资约束。表 4-13（或表 4-14）第（4）、（5）列汇报了因变量对基础自变量和中介变量的回归结果，可以看出 ln*oversea* 的估计系数始终在 1%的水平下显著为正，说明海外业务收入增加能够明显促进企业自主创新水平的提升。变量 *finacon* 的估计系数至少在 5%的水平下显著为负，表明融资约束的缓解对企业自主创新水平具有正向的影响，与既有研究的结论一致（Hall & Lerner，2010；张杰等，2012；张璇等，2017）。此外，本小节还发现，与表 4-13（或表 4-14）第（1）列基准的回归结果相比，在加入中介变量 ln*oversea*［第（4）列］之后，双重差分估计量 $du \times dt$ 的估计系数值由 0.400 9（或 0.340 4）下降到了 0.364 6（或 0.311 7），t 值由 2.706 7（或 2.629 70）下降到了 2.462 9（或

2.401 8)，在加入中介变量 *finacon* [第（5）列] 之后，核心解释变量的估计系数同样出现了下降，分别由 0.400 9（或 0.340 4）下降到了 0.354 4（或 0.234 3)，*t* 值也由 2.706 7（或 2.629 70）下降到了 2.123 7（或 1.596 6)，这初步表明中介效应存在。进一步地，在同时加入中介变量 ln*oversea* 和 *finacon* [第（6）列] 之后发现，*du* × *dt* 的估计系数进一步下降到了 0.319 1（或 0.207 5)，而且 t 值进一步下降到了 1.893 8（或 1.396 9)，这就说明海外业务收入的增加和融资约束的缓解是服务型对外直接投资提升企业自主创新水平的两个可能渠道，即服务型对外直接投资能够通过“市场规模效应”和“资金流效应”促使企业创新。需要注意的是，由于计算的 *finacon* 指标有一定程度的缺失，因此使用到该指标后样本量减少到了 5 535 个。为排除样本缺失对结论造成的干扰，本小节还使用 *finacon* 指标非缺失的 5 535 个样本重新对基准模型（4-3）进行回归，分别以申请专利和申请发明专利为因变量，得到的 *du* × *dt* 系数分别为 0.365 6、0.244 3，*t* 值分别为 2.185 6、1.657 6。将重新计算的系数和 t 值与表 4-13、表 4-14 第（6）列的结果进行比较同样可以发现，*du* × *dt* 的系数和 *t* 值依旧呈下降趋势，“资金流效应”同样存在。本小节的结论很好地验证了假设 2 和假设 3。

表 4-13 机制检验：市场规模效应和资金流效应 I

	ln(1 + *PAT*)	ln*oversea*	*finacon*	ln(1 + *PAT*)		
	(1)	(2)	(3)	(4)	(5)	(6)
ln*oversea*				0.015 3***		0.015 7***
				(3.755 3)		(3.456 9)
finacon					−0.050 7***	−0.052 4***
					(−3.116 1)	(−3.245 9)
du × *dt*	0.400 9***	2.370 8***	−0.221 6**	0.364 6**	0.354 4**	0.319 1*
	(2.706 7)	(3.052 9)	(−2.057 9)	(2.462 9)	(2.123 7)	(1.893 8)
du	0.384 5***	1.643 2***	0.217 8**	0.359 3***	0.401 8***	0.374 7***
	(3.441 6)	(2.677 6)	(2.563 3)	(3.182 4)	(2.832 1)	(2.608 3)
dt	−0.074 0	−0.270 1	0.114 5	−0.069 9	−0.077 7	−0.073 4
	(−0.760 4)	(−0.483 5)	(1.556 2)	(−0.726 7)	(−0.744 5)	(−0.709 7)

续表

	ln(1 + *PAT*)	lnoversea	*finacon*	ln(1 + *PAT*)		
	(1)	(2)	(3)	(4)	(5)	(6)
控制变量	控制	控制	控制	控制	控制	控制
行业效应	控制	控制	控制	控制	控制	控制
省份效应	控制	控制	控制	控制	控制	控制
时间效应	控制	控制	控制	控制	控制	控制
观测值	7 448	7 448	5 535	7 448	5 535	5 535
R^2	0. 349 0	0. 298 6	0. 112 5	0. 354 6	0. 346 9	0. 352 7

表 4-14　机制检验：市场规模效应和资金流效应Ⅱ

	ln(1 + *INV*)	lnoversea	*finacon*	ln(1 + *INV*)		
	(1)	(2)	(3)	(4)	(5)	(6)
lnoversea				0. 012 1***		0. 011 9***
				(3. 480 5)		(3. 046 5)
finacon					-0. 045 1***	-0. 046 4***
					(-2. 909 6)	(-3. 009 8)
du × *dt*	0. 340 4***	2. 370 8***	-0. 221 6**	0. 311 7**	0. 234 3	0. 207 5
	(2. 627 0)	(3. 052 9)	(-2. 057 9)	(2. 401 8)	(1. 596 6)	(1. 396 9)
du	0. 267 6***	1. 643 2***	0. 217 8**	0. 247 7***	0. 348 9***	0. 328 3***
	(2. 991 7)	(2. 677 6)	(2. 563 3)	(2. 723 7)	(2. 862 8)	(2. 649 5)
dt	-0. 088 4	-0. 270 1	0. 114 5	-0. 085 2	-0. 059 0	-0. 055 7
	(-1. 097 5)	(-0. 483 5)	(1. 556 2)	(-1. 069 0)	(-0. 658 8)	(-0. 627 9)
控制变量	控制	控制	控制	控制	控制	控制
行业效应	控制	控制	控制	控制	控制	控制
省份效应	控制	控制	控制	控制	控制	控制
时间效应	控制	控制	控制	控制	控制	控制
观测值	7 448	7 448	5 535	7 448	5 535	5 535
R^2	0. 307 7	0. 298 6	0. 112 5	0. 312 6	0. 306 0	0. 310 5

（二）创新资源流通效应

在机理分析部分，本章提出服务型对外直接投资能够通过创新资源流通效应而提升企业创新能力。如果该推测成立，可以预期在创新资源比较丰富的东道国投资，对母公司自主创新水平的促进作用将更加显著。一国创新能力比较强意味着这个国家可能拥有丰富的创新资源、完备的创新设施、良好的创新环境等，向这些国家进行服务型对外直接投资可以直接雇用当地优秀的研发人员、利用当地的创新环境、通过交流学习等方式，提高子公司的创新水平，然后通过技术反馈促进母公司自主创新能力的提升。本小节借鉴一些学者（Luong et al，2017）的做法，利用世界银行的数据构造了三个指标，分别是一国专利申请总数与上市企业总市值、上市企业总数、人口数之比，以此来度量服务型对外直接投资东道国的创新能力，并依据各个指标中位数将投资东道国区分为高创新国家和低创新国家。表 4-15 和表 4-16 分别汇报了以全部专利申请数和发明专利申请数作为被解释变量的回归结果。奇数列是向高创新国进行服务型对外直接投资对企业自主创新影响的回归结果，可以发现核心解释变量 $du \times dt$ 的系数始终显著为正，说明向创新水平比较高的国家进行服务型对外直接投资对企业自主创新水平的提升有明显的促进作用。偶数列是向低创新国进行服务型对外直接投资对企业自主创新的影响效应，$du \times dt$ 的系数不再显著，说明向低创新国家进行服务型对外直接投资不能促进企业自主创新水平的提高。该结论印证了本章的预测，从侧面验证了服务型对外直接投资通过“创新资源流通效应”促进母公司自主创新能力提升的渠道。本小节的结论很好地验证了假设 4。

表 4-15　机制检验：创新资源流通效应 I

	ln(1 + *PAT*)					
	专利数/上市企业总市值		专利数/上市企业数		专利数/人口数	
	（1）高	（2）低	（3）高	（4）低	（5）高	（6）低
$du \times dt$	0.455 8**	0.380 5	0.370 9**	0.225 6	0.325 3**	0.307 3
	(2.542 4)	(1.644 4)	(2.200 6)	(0.894 1)	(2.032 3)	(1.035 1)
du	0.439 3***	0.334 6	0.477 2***	0.426 7**	0.370 6***	0.602 1**
	(3.293 8)	(1.648 6)	(3.786 8)	(2.006 5)	(3.078 2)	(2.271 2)

续表

	ln(1 + *PAT*)					
	专利数/上市企业总市值		专利数/上市企业数		专利数/人口数	
dt	−0.135 7	0.020 0	−0.066 3	0.023 1	−0.032 2	−0.060 9
	(−1.197 7)	(0.131 3)	(−0.595 2)	(0.136 7)	(−0.310 3)	(−0.332 1)
控制变量	控制	控制	控制	控制	控制	控制
行业效应	控制	控制	控制	控制	控制	控制
省份效应	控制	控制	控制	控制	控制	控制
时间效应	控制	控制	控制	控制	控制	控制
观测值	5 102	3 008	5 600	2 465	6 263	1 702
R^2	0.391 7	0.352 4	0.376 5	0.377 3	0.357 7	0.475 7

表 4-16　机制检验：创新资源流通效应Ⅱ

	ln(1 + *INV*)					
	专利数/上市企业总市值		专利数/上市企业数		专利数/人口数	
	（1）高	（2）低	（3）高	（4）低	（5）高	（6）低
du × *dt*	0.415 3***	0.238 9	0.324 4**	0.226 3	0.309 9**	0.336 5
	(2.598 4)	(1.176 9)	(2.115 1)	(1.104 5)	(2.166 5)	(1.392 3)
du	0.297 1***	0.315 6*	0.334 1***	0.328 9**	0.280 0***	0.298 6
	(2.826 3)	(1.866 6)	(3.181 1)	(2.005 9)	(2.908 6)	(1.494 2)
dt	−0.124 8	0.015 3	−0.067 2	−0.075 8	−0.050 7	−0.198 8
	(−1.386 3)	(0.115 7)	(−0.710 8)	(−0.565 6)	(−0.571 1)	(−1.420 6)
控制变量	控制	控制	控制	控制	控制	控制
行业效应	控制	控制	控制	控制	控制	控制
省份效应	控制	控制	控制	控制	控制	控制
时间效应	控制	控制	控制	控制	控制	控制
观测值	5 102	3 008	5 600	2 465	6 263	1 702
R^2	0.344 4	0.317 3	0.325 3	0.336 5	0.320 5	0.408 3

第五节　拓展分析

一、动态效应分析

第四节通过基准 DID 模型进行估计后发现，与非对外直接投资企业相比，进行服务型对外直接投资企业的自主创新水平在投资后得到了显著的提高，但这种影响是平均意义上的，无法反映服务型投资对企业自主创新水平的影响效应是否存在时滞以及持续性特征，而这同样是本章重点关注的问题。为了检验服务型投资对企业自主创新水平的动态影响，本小节借鉴毛其淋和许家云（2016）的思路，将基准 DID 模型（4-3）进行如下形式的扩展：

$$innovation_{it}=\beta_0+\beta_1 du_i+\beta_2 dt_{it}+\sum_{q=0}^{n}\gamma_q du_i\times dt_{it}\times After\_\ qyear$$
$$+X'_{it}\gamma+\mu_p+\mu_c+\mu_t+\varepsilon_{it} \tag{4-21}$$

式中，$After\_\ qyear$ 为年度虚拟变量，当企业处于服务型对外直接投资后的第 q 年（$q=0$，1，…，n，n 分别取 3 和 6）[①] 时，$After\_\ qyear$ 取 1，否则取 0。三重交叉项 $du_i\times dt_{it}\times After\_\ qyear$ 的回归系数 γ_q 衡量了在第 q 年，服务型对外直接投资对企业自主创新水平的动态影响。

接下来，使用式（4-21）进行回归，表 4-17 汇报了回归结果。可以看出，使用全部专利申请数作为因变量，除投资后的第 1 年以外，其他时期三重交叉项 $du\times dt\times After\_\ qyear$ 的估计系数均显著为正，说明服务型投资对企业专利申请数的提升既存在短期又存在长期的促进作用。使用发明专利申请数作为因变量，投资当年及投资后前两年，三重交叉项 $du\times dt\times After\_\ qyear$ 的估计系数始终不显著，但投资后第三年及之后各年三重交叉项 $du\times dt\times After\_\ qyear$ 的回归系数都显著为正，这意味着服务型投资对企业发明专利申请数的影响可能存在 2 年左右的时滞。对此可能的解释是，发明专利相对于其他专利而言申请难度更大，需要企业有足够的时间进行知识积累。一方面，企业通过服务型投资以更好地服务东道国市场，获得更多的海外业务收入以促进企业研发创新，而对东道国市场由陌生到熟悉、国内企业从创新投入到创新产出都需要一定的时间；另一方面，企业通过服务型投资雇用到东道国

① $q=0$ 表示企业投资当年；$0<q<n$ 表示企业投资后第 q 年；$q=n$ 表示企业投资后第 n 年或大于 n 年。

高水平人才及接触到先进的科学技术知识之后，需要不断地学习、积累和吸收才能将其内化到母公司创新活动中，也即创新资源流通效应的发挥需要一段时间。而与其他专利相比，发明专利的质量水平更高，需要的时间更多，因此，服务型投资对发明专利申请数影响的滞后效应更为明显。

此外，根据回归结果得到的系数值可知，服务型投资对企业自主创新水平的边际影响呈现波动式上升趋势。为了更为直观地展示服务型投资对企业自主创新水平的动态影响过程，将表 4-17 第（3）（4）列的回归结果绘制于图 4-7 中，分别与（a）（b）相对应。其中实现部分描绘的是服务型投资对企业创新作用的边际效应，虚线部分刻画的是 90%的置信区间。从图中可以清晰地看到，整体而言，服务型投资对企业自主创新水平的促进作用随着时间的推移而波动式上升。由此可知，服务型投资对企业自主创新的影响会随着投资时期的延长而增强。

表 4-17　动态效应检验

	(1)	(2)	(3)	(4)
	ln(1 + *PAT*)	ln(1 + *INV*)	ln(1 + *PAT*)	ln(1 + *INV*)
dudt × *After*_ 0	0.233 6*	0.150 8	0.231 3*	0.148 1
	(1.938 0)	(1.464 1)	(1.916 0)	(1.433 4)
dudt × *After*_ 1	0.217 6	0.172 9	0.216 8	0.171 9
	(1.620 8)	(1.570 0)	(1.615 0)	(1.561 3)
dudt × *After*_ 2	0.266 7*	0.173 4	0.266 0*	0.172 6
	(1.781 7)	(1.372 2)	(1.776 9)	(1.366 0)
dudt × *After*_ 3	0.552 7***	0.503 4***	0.357 0**	0.268 9*
	(2.747 1)	(2.674 5)	(2.045 8)	(1.752 8)
dudt × *After*_ 4			0.534 3***	0.496 7***
			(2.776 6)	(2.901 2)
dudt × *After*_ 5			0.459 1**	0.380 2**
			(2.285 1)	(2.083 7)
dudt × *After*_ 6			0.673 9**	0.646 8**
			(2.451 8)	(2.467 3)
du	0.385 3***	0.268 5***	0.385 3***	0.268 5***
	(3.453 5)	(3.008 5)	(3.453 4)	(3.008 9)

续表

	(1)	(2)	(3)	(4)
	ln(1 + *PAT*)	ln(1 + *INV*)	ln(1 + *PAT*)	ln(1 + *INV*)
dt	-0.057 7	-0.070 8	-0.051 4	-0.063 3
	(-0.577 7)	(-0.849 8)	(-0.507 0)	(-0.747 2)
控制变量	控制	控制	控制	控制
行业效应	控制	控制	控制	控制
省份效应	控制	控制	控制	控制
时间效应	控制	控制	控制	控制
观测值	7 448	7 448	7 448	7 448
R^2	0.350 2	0.309 7	0.350 6	0.310 5

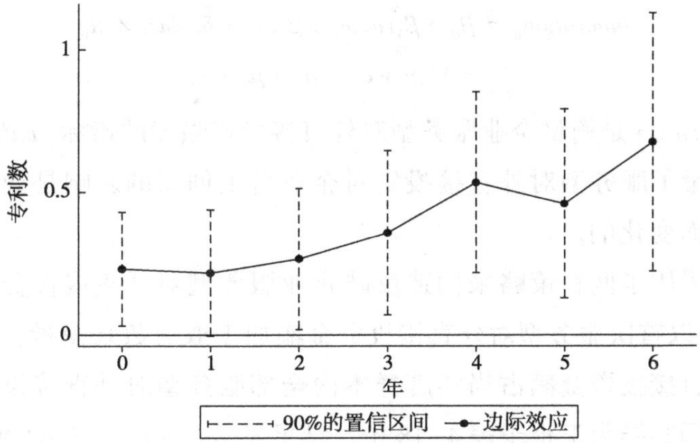

（a）全部专利

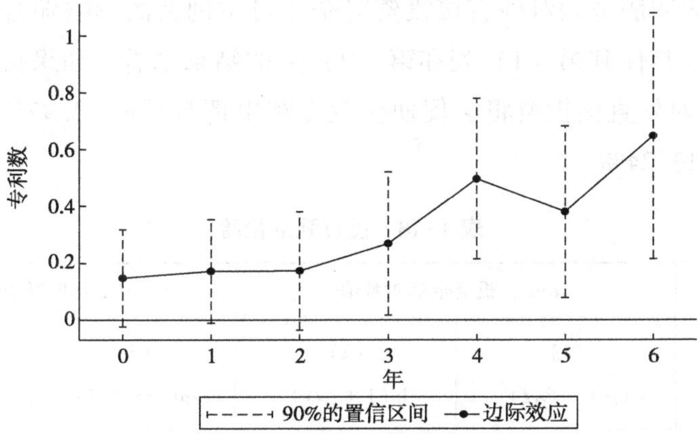

（b）发明专利

图 4-7　服务型对外直接投资对企业自主创新水平的动态影响

二、投资强度分析

除了投资时间外，服务型对外直接投资对企业自主创新的影响还可能会因投资强度的不同而存在差异，为此，这一部分将进行投资强度检验。在初始检验中，本章将处理组企业服务型对外直接投资前后的 $du \times dt$ 各标记为 0 和 1，没有考虑相同处理组中企业投资强度的差异。比如，对外服务型投资金额为 100 万美元的企业属于处理组，有 1 000 万美元的企业也属于处理组，基准检验中将这样的企业都等同对待。但是，投资强度不同对企业自主创新影响的大小也必不相同，为了考察投资强度对企业自主创新的影响，本小节进行了投资金额检验。具体地，借鉴两位学者（Moser & Voena，2012）的处理方式，将回归方程（4-3）变形为如下形式（连续型 DID）：

$$
\begin{aligned}
innovation_{it} = \beta_0 + \beta_1 value_i + \beta_2 dt_{it} + \delta value_i \times dt_{it} \\
+ X'_{it}\gamma + \mu_p + \mu_c + \mu_t + \varepsilon_{it}
\end{aligned}
\tag{4-22}
$$

式中，变量 $value$ 是衡量企业服务型对外直接投资强度的指标，$value \times dt$ 的回归系数 δ 度量了服务型对外直接投资对企业自主创新的影响是如何随着投资强度的变化而变化的。

本小节采用了两种策略来构造反映企业服务型对外直接投资强度的指标 $value$。一是以首次服务型对外直接投资金额加 1 取对数来衡量；二是以首次服务型对外直接投资金额占当年度样本内全部服务型对外直接投资金额的比例来衡量。回归结果汇报于表 4-18 中。结果显示，$value \times dt$ 的回归系数始终显著为正，表明服务型对外直接投资对企业自主创新的影响随着投资金额的增大而增大。具体到第（1）列和第（2）列的结果来看，如果投资金额增加 1%，服务型对外直接投资将会促使企业专利申请数提高 13.97%，发明专利申请数提高 13.24%。

表 4-18　投资强度检验

	value：投资金额对数值		*value*：投资金额占比	
	(1) ln(1 + *PAT*)	(2) ln(1 + *INV*)	(3) ln(1 + *PAT*)	(4) ln(1 + *INV*)
$du \times dt \times value$	0.139 7**	0.132 4**	1.870 4***	2.262 6***
	(2.302 0)	(2.237 8)	(2.704 9)	(3.179 0)

续表

	value：投资金额对数值		*value*：投资金额占比	
	(1) ln(1 + *PAT*)	(2) ln(1 + *INV*)	(3) ln(1 + *PAT*)	(4) ln(1 + *INV*)
value	0. 118 8***	0. 088 0***	1. 475 0**	1. 094 9**
	(3. 099 3)	(2. 913 6)	(2. 488 0)	(2. 442 5)
dt	−0. 027 8	−0. 056 1	−0. 057 7	−0. 094 0
	(−0. 293 1)	(−0. 719 5)	(−0. 623 1)	(−1. 244 3)
控制变量	控制	控制	控制	控制
行业效应	控制	控制	控制	控制
省份效应	控制	控制	控制	控制
时间效应	控制	控制	控制	控制
观测值	7 448	7 448	7 448	7 448
R^2	0. 341 3	0. 303 9	0. 346 9	0. 318 2

三、服务型对外直接投资与生产型对外直接投资的差异

至此，本章已经从多个角度研究了服务型投资对企业创新的影响，但是其产生的影响与纯生产型对外直接投资（即进行过对外直接投资，但完全没有投资过服务业）的企业相比是否存在差异？为进行对比，本小节筛选出纯生产型对外直接投资的企业样本，将其代替原处理组，并使用模型（4-3）进行估计。为准确识别纯生产型投资与服务型投资对母公司自主创新的影响差异，在估计模型之前，首先需要考察样本是否满足平行趋势假设。DID 估计的前提是在投资前，两组企业申请专利数的增长趋势一致。本章通过图示法来考察两组企业在样本期内的创新水平情况。图 4-8 显示了两组企业在投资前后 3 年的创新水平变化趋势。虚线左侧代表纯生产型对外直接投资或服务型对外直接投资企业投资之前时期，右侧代表投资之后时期。纵轴是分别为以全部专利申请数和发明专利申请数衡量的创新水平指标。可以看出，虚线左侧投资前时期，两组企业的创新水平曲线基本平行，说明投资前两组企业的创新趋势基本一致。而虚线右侧，即投资后，两组企业的创新趋势差异

开始出现，表明本小节选取的两组企业基本满足平行趋势条件①。

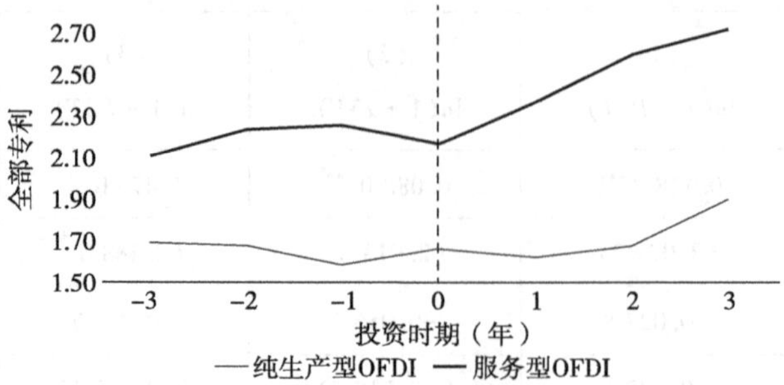

（a）全部专利

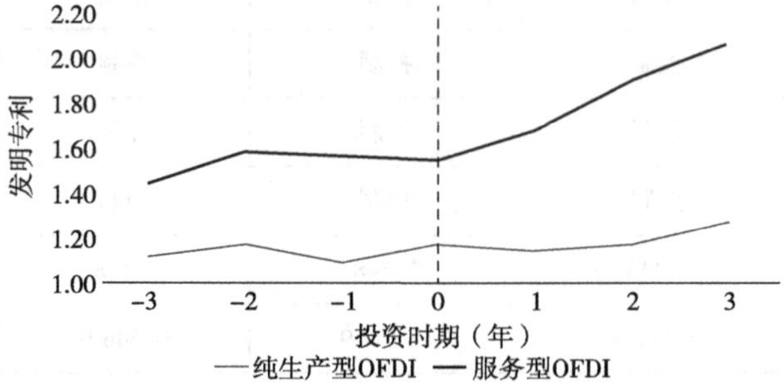

（b）发明专利

图 4-8　纯生产型对外直接投资和服务型对外直接投资投资前后创新水平变化趋势

在上述分析基础上，本小节继续使用模型（4-3）进行估计。具体估计结果见表4-19的（1）（2）列。结果显示，无论是以全部专利申请数还是发明专利申请数作为被解释变量，核心解释变量 $du \times dt$ 的估计系数始终显著为正。这表明与纯生产型对外直接投资相比，服务型对外直接投资对母公司自主创新水平的正向促进作用更大。为了验证结论的稳健性，本章还将纯生产型对外直接投资企业视为处理组，将基准回归中使用PSM方法为服务型对外直接投资企业匹配的非对外直接投资企业视为对照组，再次使用式（4-3）回归，结果见表4-19的（3）（4）列。可以发现，$du \times dt$ 的系数不显著，即纯生产型对外直接投资企业与基准回归中匹配的与服务型对外直接投资企业有共同趋势的非对外直接投资企业在投资前后创新水平没有显著差异，而基

① 需要说明的是，由于纯生产型企业样本数较少，难以用PSM方法分年度为其匹配对照组企业，即无法使用PSM和DID相结合的方法来单独检验其对创新的影响。

准回归的结论是与非对外直接投资企业相比，服务型对外直接投资企业投资后对创新有正向促进作用。由此可得：服务型对外直接投资对企业创新的正向影响要大于纯生产型对外直接投资，本小节的结论稳健。其原因可能在于以下两点：一是服务型投资的生产率门槛较纯生产型低，更易进入发达国家以接触前沿技术、管理经验等。二是服务业本身具有人力资本密集型特征，与生产型对外直接投资需要购置设备和雇用大批生产性外籍人员不同，服务型对外直接投资更多地是雇用东道国高端人才，而这正是创新活动所必需的要素投入。因此，在对外直接投资促进母公司自主创新过程中，服务型投资起到了关键作用。

表 4-19　服务型对外直接与生产型对外直接投资“创新效应”的差异

	纯生产型对外直接 VS 服务型对外直接投资		纯生产型对外直接 VS 非对外直接投资	
	(1) $\ln(1+PAT)$	(2) $\ln(1+INV)$	(3) $\ln(1+PAT)$	(4) $\ln(1+INV)$
$du \times dt$	0.386 4**	0.277 8*	0.028 0	0.093 2
	(2.057 3)	(1.790 5)	(0.176 9)	(0.709 0)
du	0.303 6*	0.257 0**	0.218 0*	0.091 5
	(1.928 5)	(2.165 3)	(1.834 0)	(1.081 1)
dt	0.424 6***	0.302 5**	−0.022 5	−0.031 1
	(2.796 7)	(2.268 2)	(−0.241 6)	(−0.435 9)
控制变量	控制	控制	控制	控制
行业效应	控制	控制	控制	控制
省份效应	控制	控制	控制	控制
时间效应	控制	控制	控制	控制
观测值	4 730	4 730	6 875	6 875
R^2	0.379 5	0.358 5	0.294 3	0.253 7

第六节　本章小结

近年来，中国服务型对外直接投资规模日趋扩大，成为中国对外直接投资的重点领域。服务型投资是发展中国家获取国际高级生产要素，实现技术创新的重要渠道，然而鲜有文献考察这种投资对中国企业自主创新行为，即企业升级“质”方面的影响。在此背景下，本章借助2002—2017年的“BvD Zephyr数据库”与“fDi Markets数据库”首次整理了含有企业服务型对外直接投资详细信息的“中国企业对外直接投资全新数据库”，将该数据库与“Wind数据库”合并，形成的最终数据库含有丰富的企业财务与对外直接投资相关信息。

在合并后的全新数据库的基础上，本章使用倾向得分匹配与双重差分相结合的方法，在有效控制潜在内生性问题的基础上，首次系统地考察了服务型对外直接投资对企业自主创新水平的影响。得出的主要研究结论如下。

第一，服务型对外直接投资对企业自主创新水平产生了显著而稳健的正向促进作用。具体地，相对于平均专利申请数而言，服务型对外直接投资使得企业专利申请数量上升了约25.20%，相对于平均发明专利申请数而言，服务型投资使得企业发明专利申请数量上升了约31.34%，从而说明，服务型投资能够有力地促进中国企业自主创新水平的提升。

第二，分组检验的结果显示，服务型对外直接投资对不同类型企业自主创新的促进作用存在差异。具体而言，对高管理效率企业自主创新的影响效应要大于低管理效率企业，对投资模式是绿地投资企业自主创新提升的影响效应大于投资模式为跨国并购的企业，对交通基础设施发达省份企业创新的积极作用要大于落后省份，对投资东道国是高收入国家企业自主创新的促进作用要大于投资东道国为低收入国家的企业。

第三，机制检验表明，服务型投资主要通过三条路径促进企业创新：扩大企业海外市场规模（“市场规模效应”）、缓解融资约束（“资金流效应”）、增加企业接触前沿先进技术的机会（“创新资源流通效应”）。

第四，在评估服务型投资对企业创新的积极效应时，如果仅仅考虑平均影响，那是不够全面的，还应该考虑时间趋势和投资强度，所以，本章在最后还进行了拓展分析，发现服务型对外直接投资对企业自主创新的影响效应随着时间的推移呈波动式上升趋势，且投资金额越大，对企业创新的促进作用也越明显。

此外，通过对比服务型投资与纯生产型投资“创新效应”的差异发现，服务型投资对企业创新水平的促进作用更大，体现出服务型投资在通过“走出去”战略促进中国经济质量升级中的重要作用。

本章从自主创新变化的角度为理解中国服务型对外直接投资对企业升级“质”的影响提供了经验证据，政策含义比较明显。本章的一个重要结论是——服务型对外直接投资能够显著地促进中国企业自主创新水平的提升。因此，政府应当继续实行“走出去”战略，加大力度鼓励和引导企业进行服务型对外直接投资，这是在当前中国自主创新能力薄弱、核心技术对外依存度高的形势下嵌入全球服务网络、整合全球优势创新资源，进而促进中国企业自主创新水平持续快速增长的重要途径。

与此同时，本章也注意到不同管理效率、投资模式等的服务型投资对企业自主创新的影响具有明显的异质性，为了更有效地利用“走出去”战略来促进中国经济实现高质量发展，在鼓励企业进行服务型投资的同时，首先应当注重企业管理能力建设，从而使国内企业更大程度地吸收服务型投资带来的促进创新水平提升的积极效应；其次，从投资模式来看，要充分认识到当前中国企业跨国并购服务部门未能促进企业自主创新的事实，重视跨国并购中的文化整合问题；再次，要加强各省份交通基础设施建设，以更好地利用服务型投资带来的创新促进效应；最后，要积极引导企业向收入水平比较高的国家或地区投资，因为这些国家是技术创新的发源地，有丰富的人力资本和浓厚的创新环境，向这些国家进行服务型投资才能有更多机会接触最前沿的技术。

第五章　服务型对外直接投资对企业升级“量”的影响：基于企业成长视角的实证分析[①]

第四章主要从自主创新角度考察了服务型对外直接投资对企业升级“质”的影响，验证了第三章提出的假设1到假设4。本章将从企业成长角度考察服务型投资对企业升级的“量”所产生的经济效应，以进一步验证第三章提出的假设5到假设7。鉴于企业产出规模的变化能够在一定程度上反映企业的成长情况，本章将主要以企业产出水平作为企业成长的代理变量。

具体地，本章借助上一章整理的“中国企业对外直接投资全新数据库”与“Wind数据库”的合并数据就服务型投资对企业产出的影响进行了检验，结果发现：服务型投资对企业产出有正向促进作用，且这种正向效应在经过一系列稳健性检验后依旧存在。异质性检验发现，非国有、投资模式是绿地投资、地处交通基础设施较发达地区、投资东道国是高收入国家的企业从服务型投资中获益更大。进一步的影响机制检验表明，创新水平提升（“创新效应”）和海外市场需求的扩大（“需求效应”）是服务型投资促进企业产出增长的可能渠道，且与需求扩大机制相比，创新水平提升机制在促进企业产出增长过程中起的作用更大。此外，本章还进行了拓展分析，结果显示，从动态效应上看，服务型投资对企业产出的正向影响随着时间的推移呈递增趋势；从投资强度上看，服务型投资对企业产出的提升效应随着企业投资金额的增加而增加；从与纯生产型投资产出效应的对比上看，服务型投资对企业产出的促进作用更大。这种差异表明了“走出去”战略带动中国经济增长过程中服务型投资的关键作用。本章研究结论从投资行业角度为中国对外直接投资与产出之间的互补关系提供了新的解释，对如何通过“走出去”战略来有效推动中国经济稳步增长具有一定的政策启示意义。

---

① 本部分的主要内容已发表于《国际贸易问题》2021年第1期。

第一节　问题背景

由导论可知，服务业是中国对外直接投资的主要投资领域。如表 5-1 所示，2005 年以来，中国的服务型对外直接投资流量占对外直接投资额的比例始终高于 50%，年均达 69.7%。从存量来看，中国服务型投资占总投资的比重连续 12 年（2007—2018 年）保持在 70%以上。服务型对外直接投资有助于降低企业海外交流成本、刺激企业海外需求。批发零售、设备安装、技术咨询等境外服务部门的设立，使企业可以与海外需求方进行直接接触，这降低了海外消费者与本国企业之间的信息沟通成本，从而有效拓展了企业的海外市场。由此便产生一个疑问，如果服务型投资使企业拥有了更广阔的市场，那么，它是否带动了母公司产出的增长？其背后的作用机制又是什么？对上述问题的回答对改进对外直接投资政策、更好地发挥"走出去"战略的经济增长效应具有非常重要的指导意义。

表 5-1　2005—2018 年中国服务型对外直接投资流量和存量变化趋势

年份	流量		存量	
	服务型对外直接投资（亿美元）	占总投资比例（%）	服务型对外直接投资（亿美元）	占总投资比例（%）
2005	81	66. 15	408	71. 29
2006	114	53. 77	624	68. 81
2007	196	73. 81	899	76. 26
2008	461	82. 46	1 454	79. 06
2009	398	70. 36	1 839	74. 83
2010	553	80. 31	2 426	76. 46
2011	488	65. 43	3 122	73. 50
2012	590	67. 14	3 962	74. 48
2013	690	63. 96	4 745	71. 84
2014	898	72. 93	6 592	74. 69
2015	1 060	72. 76	8 227	74. 94

续表

年份	流量		存量	
	服务型对外直接投资（亿美元）	占总投资比例（%）	服务型对外直接投资（亿美元）	占总投资比例（%）
2016	1 540	78.49	10 268	75.64
2017	1 211	76.51	14 318	79.15
2018	1 084	75.80	15 324	77.30

资料来源：作者根据国家统计局、中国商务部的数据汇总制作。

与本章密切相关的研究有两类。第一类是关于对外直接投资对母国经济效应的文献。国内外学者已经在该领域进行了大量的研究，考察了对外直接投资对母国企业生产率（蒋冠宏、蒋殿春，2014；蒋冠宏等，2013）、创新（Branstetter，2006；毛其淋、许家云，2014）、出口（Head & Ries，2001；顾雪松等，2016；陈立敏等，2010）、就业（李磊等，2016）等多个方面的影响。与本章主题最为接近的是杨连星和胡舜杰（2018）、李泳（2009）及杨连星等（2019）的研究，这些文献发现对外直接投资能够显著促进母国产出的增长，但他们主要围绕对外直接投资整体展开。与之不同，本章重点关注服务型对外直接投资的产出效应。第二类是关于服务型投资影响母国企业经营绩效的文献。在该领域内，学者们（Krautheim，2013；Cheptea et al，2015；Emlinger & Poncet，2018；田巍、余淼杰，2019）着力于分析批发、零售等与企业贸易密切相关的服务型对外直接投资对母国出口的促进作用，均发现，贸易类的服务型对外直接投资能够促进母国企业出口。可以看出，少有文献研究服务型投资与产出之间的关系。尽管杨连星等（2019）已开始意识到服务型投资在促进企业产出增长中的重要作用，但他们却未厘清服务型投资影响企业产出的内在作用机制并给出可靠的证明，无法精确地揭示服务型投资究竟是如何带动企业产出增长的。

理论上，服务型投资对于企业产出主要有如下两个方面的影响：一方面，正如第四章所证实的，服务型投资能够促进中国企业创新水平的提升，这将有助于降低企业生产成本，进而促进企业生产能力的提升（“创新效应”）；另一方面，在海外设立服务部门有利于拉近国内企业与国外消费者之间的时空距离，增加企业拥有的海外市场需求。为了占有更多的市场份额、获取更大的利润，企业将主动扩大生产（“需求效应”）。由此可以推测，企业进行服务型投资很可能对其产出规模的扩张有正向促进作用。

为了较为直观地展示产出规模与不同类别对外投资之间的关系，图 5-1 拟合了中国产出额与服务型投资占全部对外直接投资额比例的线性关系，以及与生产型对外直接投资比例的相关图。其中，横坐标表示产出规模，用产出增加值取对数表示，纵坐标为投资比例。可以看出，产出增加值与服务型投资间有轻微的正相关关系，而与生产型投资间则为轻微的负相关关系。这说明，与生产型投资相比，服务型投资更有可能促进母国产出的增长，即在通过“走出去”战略带动母国产出增长过程中，服务型投资很可能起到了相对而言更为重要的作用。

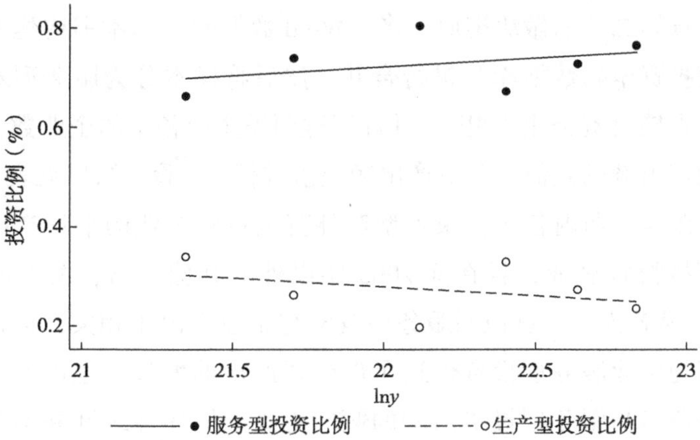

图 5-1 服务型 OFDI、生产型 OFDI 与中国产出增加值

注：(1) 根据中国国家统计局数据绘制，对外直接投资为流量数据，中国产出增加值进行了对数化处理。

(2) 产出增加值数据在部分年份欠缺，此图包含的数据年份为 2005、2007、2010、2012、2015、2017 年。

基于以上分析，本章尝试利用 2002—2017 年中国非金融类上市企业微观数据和高度细化的对外直接投资数据，细致地探究服务型投资对母公司产出的影响。与以往文献相比，本章主要的边际贡献在于：

其一，在研究视角方面，本章利用第四章构建的 2002—2017 年“中国企业对外直接投资全新数据库”与“Wind 数据库”的合并数据，首次从企业产出角度系统考察了服务型投资对中国企业的影响，并进一步揭示了服务型对外直接投资作用机制的创新渠道和需求扩张渠道，深入剖析了服务型投资对企业产出的影响机理，为识别服务型投资对母国企业的经济效应提供了新的经验证据。

其二，在研究结论与政策启示方面，本章使用倾向得分匹配法和双重差分法在有效规避相关结论中可能存在的内生性问题的基础上，充分证明了服务型投资对中国企业产出的促进作用，不仅为服务型投资与企业升级“量”之间的关系提供了事实依据，而且丰富了与企业对外直接投资领域相关的研究，对中国政府今后如何制定有效的“走出去”政策以防范企业生产转移、促进企业产出增长提供了有益启示。

第二节　典型事实

同第四章第二节的做法类似，将“Wind 数据库”与本书构建的“中国企业对外直接投资全新数据库”进行合并，然后将样本分为服务型对外直接投资与非对外直接投资企业两组[①]，并计算这两类企业各年的企业数、平均产出额以及平均产出额的差值，并对产出额差值进行 t 检验，结果见表 5-2。由表 5-2 可知，在样本期内各年，服务型对外直接投资企业的平均产出额都远大于非对外直接投资企业，且在除 2003 年以外的其他年份，两者的差值均在 1%的水平上显著为正。这说明服务型投资与企业产出正相关，但这种关系既有可能是因为企业服务型投资促进了母公司产出的增长，也可能是因为产出额较大的企业参与服务型投资活动的倾向更高。描述性统计并不能证明服务型投资与企业产出之间存在因果关系，但可以为本章后续使用更为严谨的计量方法以精确估计服务型投资的产出效应提供初步依据。

表 5-2　2003—2017 年企业产出情况

年份	非对外直接投资企业		服务型对外直接投资企业		Diff
	企业数	平均产出	企业数	平均产出	
2003	924	18.72	5	19.46	0.731 6
2004	930	18.81	11	20.15	1.340 4***
2005	920	18.79	14	20.09	1.302 9***

① 分组方法详见第四章第三节。

续表

年份	非对外直接投资企业		服务型对外直接投资企业		Diff
	企业数	平均产出	企业数	平均产出	
2006	960	18.96	19	20.77	1.814 7***
2007	1 012	19.17	26	21.02	1.857 2***
2008	1 171	19.02	43	20.66	1.640 8***
2009	1 483	19.09	62	20.80	1.706 1***
2010	1 677	19.19	83	20.84	1.650 4***
2011	1 765	19.27	96	20.94	1.671 0***
2012	1 800	19.28	120	20.88	1.609 0***
2013	1 946	19.40	143	20.90	1.495 4***
2014	2 105	19.49	158	20.98	1.491 4***
2015	2 336	19.53	198	21.00	1.467 6***
2016	2 665	19.65	249	21.01	1.362 1***
2017	2 729	19.77	269	21.17	1.391 0***

注：（1）此表未统计企业产出值缺失的样本；

（2）*、**、*** 分别表示显著性水平为 10%、5%和 1%（本章下同）。

第三节 模型设定、变量和数据说明

一、计量模型设定

为了检验服务型对外直接投资对企业产出的影响，最简单的做法是单差法，即通过比较企业服务型投资前后产出的差异来判断。但是，这种方法得到的结论并不可靠，因为企业服务型投资前后其他经济环境也在变化，采用单差法无法确定企业服务型投资前后产出的变化是来自服务型投资这一行为还是来自其他原因。为了解决单差法的局限性，可以寻找没有进行服务型投资的企业作为服务型投资企业的反事实参照系，然后用服务型投资企业的前后变化减去未对外直接投资企业的前后变化，就能得到对于服务型投资处理效应更为可靠的估计。这也就是本章主要采用的倾向得分匹配法（PSM）和基于拟自然实验的双重差分法（DID）。具体步骤如下：

首先，将企业分成两组，在样本期内进行过服务型对外直接投资的企业为处理组，从未对外直接投资过的企业为对照组，并设定两个虚拟变量 du_i 和 dt_{it}。$du_i = 1$ 表示企业 i 是处理组，$du_i = 0$ 表示企业 i 是对照组。dt_{it} 为时间二元虚拟变量，$dt_{it} = 1$ 表示企业 i 进行服务型对外直接投资后的时期，$dt_{it} = 0$ 表示企业 i 进行服务型对外直接投资前的时期。用 $\ln y_{it}$ 表示母公司的产出水平，$\Delta\ln y_{it}$ 表示投资前后企业 i 产出水平的变化。如果企业 i 进行过服务型对外直接投资，则投资前后产出水平的变化用 $\Delta\ln y_{it}^1$ 表示，如果企业 i 未对外投资过，则表示为 $\Delta\ln y_{it}^0$。因此，服务型对外直接投资对母公司产出的处理效应 δ 就可以表示为：$\delta = E(\Delta\ln y_{it}^1 \mid du_i = 1) - \mathrm{E}(\Delta\ln y_{it}^0 \mid du_i = 1)$，其含义是用服务型投资企业投资前后产出水平的变化与这些企业在没有进行投资情况下两段时期内的产出水平变化之差来衡量处理效应。服务型投资企业不进行投资的产出水平变化在现实中是不可观测的“反事实”，因此本章通过倾向得分匹配法为服务型投资企业找到了相近的从未进行过对外直接投资的企业，从而用从未进行过对外直接投资企业的产出水平变化来代替服务型对外直接投资企业产出水平的变化，即 $E(\Delta\ln y_{it}^0 \mid du_i = 1) = E(\Delta\ln y_{it}^0 \mid du_i = 0)$，由此便可以得到，服务型投资对企业产出的处理效应为：$\delta = E(\Delta\ln y_{it}^1 \mid du_i = 1) - E(\Delta\ln y_{it}^0 \mid du_i = 0)$。

然后，比较处理组和对照组企业在服务型投资企业投资前后产出水平的变化。若处理组企业在服务型投资前后产出水平的增加显著高于对照组企业，就表明服务型投资促进了企业产出水平的提升。具体的估计方程如下：

$$\ln y_{it} = \alpha_0 + \alpha_1 du_i + \alpha_2 dt_{it} + \theta du_i \times dt_{it} + Z'_{it}\lambda + \mu_p + \mu_c + \mu_t + \varepsilon_{it} \tag{5-1}$$

式中，因变量 $\ln y_{it}$ 代表企业 i 在年份 t 的产出水平。du 和 dt 的含义与上一章一致。根据式（5-1）可知，投资前后处理组企业产出水平的变化为 $\alpha_2 + \theta$，对照组为 α_2，θ 表示企业进行服务型投资对母公司产出水平的真实影响，ε_{it} 为随机扰动项。为得到 θ 的无偏估计，使得核心解释变量 $du_i \times dt_{it}$ 与随机扰动项不相关，本章还加入了控制变量向量 $\mathbf{Z}_{it}$，包括：全要素生产率（TFP_acf）、资本密集度（$\ln kl$）、企业年龄（$\ln age$）、国有和民营企业虚拟变量（SOE、MIN）、行业竞争程度（HHI）。除此之外，模型中还加入了省份、行业和年份固定效应 μ_p、μ_c、μ_t。为了缓解回归结果中可能存在的组内相关问题，在回归过程中统一使用聚类到企业层面的标准误。

二、变量度量

（一）产出水平（lny）

由于产出附加值能够较为准确地反映企业真实生产量（Comin & Philippon, 2005；杨连星等，2019），本章使用产出附加值的对数值来衡量 lny，后续稳健性检验中，还讨论了使用营业收入、就业人数等作为代理变量的结果，以供比较。产出附加值的计算方法有收入法和产出法，为减小误差，本章使用二者的均值来核算。

基于收入法下的产出附加值的计算公式为：

产出附加值=固定资产折旧+劳动报酬总额+营业税金及附加+营业利润

基于产出法下的产出附加值的计算公式为：

产出附加值=营业收入-中间投入

中间投入=营业成本+销售费用+财务费用-支付给职工以及为职工支付的现金-固定资产折旧

对分别基于收入法和产出法下计算出的产出附加值取均值，并对其进行对数化处理后便可求得 lny。需要注意的是，由于使用基于当年价格衡量的企业产出水平无法在不同年份之间进行对比，因此，所有产出附加值都使用各省的工业品出厂价格指数进行了平减；其中，工业品出厂价格指数的数据来自“中经网统计数据库”。

（二）其他变量

1. 全要素生产率（*TFP_ acf*）：使用基于增加值模型的国际前沿 ACF 法计算（Ackerberg et al, 2015），该算法指出企业的中间投入依赖于资本、劳动和生产率，因此传统的生产率计算方法（OP 法和 LP 法）都存在“函数相关性”问题，即劳动力是其他变量的确定函数，从而使得这两种方法在估计上不可识别并产生内生性问题，而 ACF 法通过将劳动投入纳入中间投入函数改善了这一情况。在实际操作中，本章借鉴戴觅等（2014）的思路，分门类行业对 TFP 进行估计，允许不同行业的生产函数存在差异。具体的计算过程已在上一章进行了解释，不再赘述。

2. 资本密集度（ln*kl*）：以固定资产原值与员工总数比值取对数表示。

3. 企业年龄（ln*age*）：用当年年份减去企业成立年份加 1 的对数值来

衡量。

4. 国有和民营企业虚拟变量（*SOE*、*MIN*）：根据企业实际控制人属性，若为国有企业则 *SOE* 取 1，否则取 0，若为民营企业则 *MIN* 取 1，否则取 0。

5. 行业竞争程度（*HHI*）：用每一门类行业内所有企业市场占有率的平方和，即赫芬达指数（Herfindahl）来衡量，其计算公式为，$HHI_{ct} = \sum_{i=1}^{N}(X_{ict}/X_{ct})^2$，$X_{ict}$ 为行业 c 中的第 i 个企业 t 年的营业收入，X_{ct} 为企业 i 所在的行业 c 在 t 年的营业收入，N 表示该行业中的企业个数。这些控制变量的衡量方法与上一章相同，表 5-3 列出了各变量名称、符号及定义的对应关系，表 5-4 列出了各变量的描述性统计结果。

表 5-3　变量名称、符号及定义

变量名称	符号	定义
产出	ln*y*	ln（1+实际产出附加值）
全要素生产率	*TFP_ acf*	ACF 法
资本密集度	ln*kl*	ln（企业固定资产原值/员工总数的比值）
企业年龄	ln*age*	ln（当年年份-企业成立年份+1）
是否为国有企业	*SOE*	根据企业实际控制人属性，如果是国有企业，则令 *SOE*=1，否则 *SOE*=0
是否为民营企业	*MIN*	根据企业实际控制人属性，如果是民营企业，则令 *MIN*=1，否则 *MIN*=0
市场集中度	*HHI*	每一门类行业内所有企业市场占有率的平方和

资料来源：作者整理。

表 5-4　描述性统计

变量符号	样本量	均值	标准差
ln*y*	26 712	19. 393 3	1. 386 2
TFP_ acf	26 000	5. 010 4	4. 109 3
ln*kl*	28 046	12. 403 1	1. 201 9
ln*age*	28 573	2. 643 1	0. 440 6
SOE	28 573	0. 421 9	0. 493 9

续表

变量符号	样本量	均值	标准差
MIN	28 573	0. 544 8	0. 498 0
HHI	28 573	0. 008 7	0. 010 4

资料来源：作者整理。

三、数据说明

本章的研究对象是2002—2017年中国沪深两市非金融类上市企业，数据来源同第四章一致，主要采用“Wind数据库”和本书新建的“中国企业对外直接投资全新数据库”，具体的数据库简介和数据处理已经在上一章介绍，不再详述。

第四节　估计结果与分析

一、倾向得分匹配

本章借鉴倾向得分匹配法（PSM）（Rosenbaum & Rubin，1983），从潜在对照组企业中寻找出与处理组企业投资前特征相似的样本，以解决服务型对外直接投资的非随机性问题。具体步骤是：

首先，假定企业服务型对外直接投资决策可由投资前的匹配变量决定，根据这些匹配变量可以计算出企业进行服务型投资的决策概率（倾向得分值）。本章选取的匹配变量包括全要素生产率、资本密集度、企业规模①、国有和民营企业虚拟变量、企业所属行业和所在省份（蒋冠宏、蒋殿春，2014）。

其次，根据倾向得分值，按照最近邻匹配原则分年度进行匹配，匹配比例为1∶3。最终成功为214家处理组企业匹配到了467家对照组企业。对匹配结果进行平衡性检验（见表5-5）发现，处理组和对照组企业的匹配变量在匹配后不存在显著差异，说明匹配方法适当，能够在一定程度上确保服务

① 企业规模用企业固定资产取对数表示。

型对外直接投资行为的随机性①。

表 5-5　倾向得分匹配的平衡性检验

变量		均值		偏差（%）	p>| t |
		处理组	对照组		
TFP_ acf	匹配前	6.470 8	4.557 2	45.1	0.008
	匹配后	6.470 8	6.326 5	3.4	0.924
lnkl	匹配前	12.214 0	12.185 0	2.6	0.893
	匹配后	12.214 0	12.373 0	-14.2	0.616
size	匹配前	20.833 0	19.346 0	82.7	0.000
	匹配后	20.833 0	20.787 0	2.5	0.933
SOE	匹配前	0.565 2	0.294 0	56.3	0.005
	匹配后	0.565 2	0.637 7	-15	0.625
MIN	匹配前	0.434 8	0.669 3	-47.9	0.019
	匹配后	0.434 8	0.362 3	14.8	0.625

注：限于本书篇幅，本章仅列出了样本期内的中间年份 2010 年的检验结果，其他年份同理。

二、基准估计结果

基于倾向得分匹配得到的样本数据，本章采用式（5-1）进行了初始检验，回归结果汇报于表5-6。其中，第（1）列是没有控制任何其他因素的估计结果，以此作为比较基础，结果显示核心解释变量 $du \times dt$ 的系数符号为正，且在1%的水平上显著，这初步表明服务型对外直接投资有助于提高企业产出水平。考虑到行业、省份和时间因素对企业产出会有比较重要的影响，如果不对这些因素加以控制，很可能会产生遗漏变量，进而影响结果的可靠性。因此，本小节在第（2）~（4）列中依次加入了行业、省份、年份固定效应以考察回归结果是否稳健，结果显示这三列的核心解释变量系数 $du \times dt$ 全部显著为正。这说明在控制了行业、省份和年份固定效应后，服务型对外直接投资依旧显著促进了企业产出水平的提高。第（5）~（8）列在（1）~（4）

① 本章沿用了上一章倾向得分匹配的匹配结果，即处理组企业 214 家，对照组企业 467 家。

列的基础上加入了控制变量，结果发现，尽管核心解释变量 $du \times dt$ 的系数有所下降，但它在各个回归中的符号方向并没有发生变化，且至少在5%的水平上显著，说明本小节的回归结果较为稳健，很好地支持了假设5。具体而言，由第（8）列完整的回归结果可知，在控制了各项影响因素后，服务型对外直接投资使得企业产出水平显著提高了0.292 9。

表5-6　服务型对外直接投资对企业产出影响的DID估计结果

	(1)	(2)	(3)	(4)	(5)	(6)	(7)	(8)
$du \times dt$	0.374 1***	0.307 3**	0.326 8***	0.330 9***	0.309 5**	0.292 9**	0.296 1***	0.292 9***
	(2.713 0)	(2.465 4)	(2.749 6)	(2.779 4)	(2.391 7)	(2.501 2)	(2.644 3)	(2.609 2)
du	0.353 3***	0.399 5***	0.350 1***	0.355 7***	0.384 6***	0.371 6***	0.360 5***	0.367 6***
	(3.202 7)	(3.754 2)	(3.525 9)	(3.516 8)	(3.627 3)	(3.610 0)	(3.647 4)	(3.751 8)
dt	0.855 3***	0.878 4***	0.852 7***	0.490 9***	0.713 1***	0.677 7***	0.640 6***	0.393 0***
	(13.964 5)	(14.818 8)	(15.216 8)	(6.141 6)	(9.700 6)	(9.626 8)	(9.823 4)	(5.339 2)
TFP_ acf					0.046 5***	0.423 3***	0.379 0***	0.314 5***
					(3.772 6)	(9.685 4)	(8.340 2)	(6.734 5)
ln*kl*					0.198 3***	0.201 1***	0.209 3***	0.204 1***
					(5.267 7)	(5.069 4)	(5.581 4)	(5.638 9)
ln*age*					0.271 8**	0.268 6***	0.329 3***	−0.033 0
					(2.554 1)	(2.669 7)	(3.364 3)	(−0.250 4)
SOE					0.689 4**	0.609 9**	0.683 3**	0.823 2**
					(2.274 2)	(2.017 6)	(2.164 5)	(2.575 3)
MIN					−0.134 2	−0.191 6	−0.097 2	−0.045 3
					(−0.449 7)	(−0.644 7)	(−0.312 3)	(−0.144 2)
HHI					11.400 0*	12.749 1**	13.544 8***	13.303 7***
					(1.732 6)	(2.452 4)	(2.862 0)	(2.862 2)
行业效应	不控制	控制	控制	控制	不控制	控制	控制	控制
省份效应	不控制	不控制	控制	控制	不控制	不控制	控制	控制
年份效应	不控制	不控制	不控制	控制	不控制	不控制	不控制	控制

续表

	(1)	(2)	(3)	(4)	(5)	(6)	(7)	(8)
观测值	7 877	7 877	7 877	7 877	7 776	7 776	7 776	7 776
R^2	0. 147 4	0. 225 0	0. 292 7	0. 321 3	0. 287 5	0. 365 9	0. 412 9	0. 436 8

注：(1) 括号中为 *t* 值；

(2) *、**、*** 分别表示显著性水平为 10%、5%和 1%（本章下同）；

(3) 所有回归均采用了以企业为聚类变量的聚类稳健标准误（本章下同）。

三、稳健性分析

(一) 改变企业产出水平测度指标

本章的基准回归主要使用产出附加值来测度企业产出水平，为避免指标测度方式对结果造成干扰，接下来将使用营业收入来重新衡量该指标（曹金飞，2019）。具体而言，使用经各省的工业品出厂价格指数平减之后的实际营业收入对数值（ln*reve*）来衡量企业产出。表 5-7 第（1）列汇报了回归结果，结果显示，核心解释变量 $du \times dt$ 的估计系数符号为正，且在 1%的水平下显著，说明服务型对外直接投资能够显著促进企业产出水平的提高，再一次证实了本章提出的假设。考虑到企业产出规模还与其雇用劳动力数量、固定资产投资额有关，在一定条件下，企业投入的劳动力和固定资产投资额越多，其产出值也会越大。因此，此部分还分别使用劳动力投入的对数值（ln*labor*）、固定资产投资的对数值（ln*invest*）来作为企业产出的代理变量，固定资产投资额使用经各省固定资产投资价格指数平减后的企业固定资产净值之差来计算，再次使用式（5-1）进行估计，结果汇报于表 5-7 的第（2）（3）列。可以看出，核心解释变量 $du \times dt$ 的估计系数均在 1%水平下显著为正，从而说明，服务型投资促使企业雇用了更多的员工、追加了更多投资，即服务型投资确实能促进企业扩大生产规模。此外，本小节还进一步使用产出附加值的增长率进行了检验，用本期和上一期取对数后的产出附加值之差来衡量，表 5-7 第（4）列的回归结果显示，$du \times dt$ 的估计系数依旧显著为正，从而说明服务型投资不仅促进了企业产出规模的扩大，还促进了其产出增长率的提升，再次验证了服务型投资对母国企业产出规模扩大的重要促进作用。

表 5-7 稳健性检验：改变企业产出水平测度指标

	(1) lnreve	(2) lnlabor	(3) lninvest	(4) rate
$du \times dt$	0.377 2***	0.295 3***	0.456 6***	0.049 8**
	(3.030 1)	(2.699 2)	(3.485 8)	(2.541 7)
du	0.467 0***	0.303 2***	0.422 8***	-0.011 3
	(4.457 6)	(3.262 3)	(4.199 4)	(-0.815 8)
dt	0.427 7***	0.321 6***	0.143 0*	-0.078 5***
	(5.190 6)	(4.691 8)	(1.652 4)	(-6.400 7)
控制变量	控制	控制	控制	控制
行业效应	控制	控制	控制	控制
省份效应	控制	控制	控制	控制
时间效应	控制	控制	控制	控制
观测值	7 776	7 776	6 385	7 109
R^2	0.421 5	0.396 7	0.409 0	0.116 9

（二）安慰剂检验

除了服务型对外直接投资外，其他随机因素也可能导致处理组和对照组的产出水平产生差异。为了排除服务型投资以外的随机因素对企业产出的影响，本小节在已有样本的基础上，通过随机抽取构建虚假的处理组和对照组来进行安慰剂检验。在基准回归使用的样本中，2003—2017 年利用 PSM 方法匹配成功的处理组企业分别有 5，6，…，16 家。本小节安慰剂检验的具体做法是，首先保留已有样本 2003—2017 年的数据，从中随机抽取 1 年，共抽取 15 次，分别记为 t_1，t_2，…，t_{15}，在各个抽取年份都不放回地随机抽取企业作为处理组，分别抽取 5，6，…，16 家，然后从剩余的企业中按照同样的方法以 1 : 3 的比例随机抽取 15，18，…，48 家作为对照组，对构建的两组企业重新进行估计。为排除偶然事件对估计结果的干扰，本小节将上述过程重复 500 次，得到了 $du \times dt$ 估计系数的核密度分布图（见图 5-2）。如果服务型对外直接投资未对企业产出产生影响，表 5-6 第（8）列得出的核心解释变量 $du \times dt$ 系数实际值将位于安慰剂检验系数分布的中间位置。在图 5-2 的统计分布中，竖虚线为表 5-6 第（8）列中 $du \times dt$ 的系数实际值，实线为 500 次

随机模拟的 $du \times dt$ 系数分布。可以较为明显地看到，$du \times dt$ 实际值明显大于随机模拟的 $du \times dt$ 系数；其中，500 次随机模拟中共有 499 次小于真实值。由此便排除了服务型对外直接投资促进企业产出提升的效应源于不可观测因素的可能性。

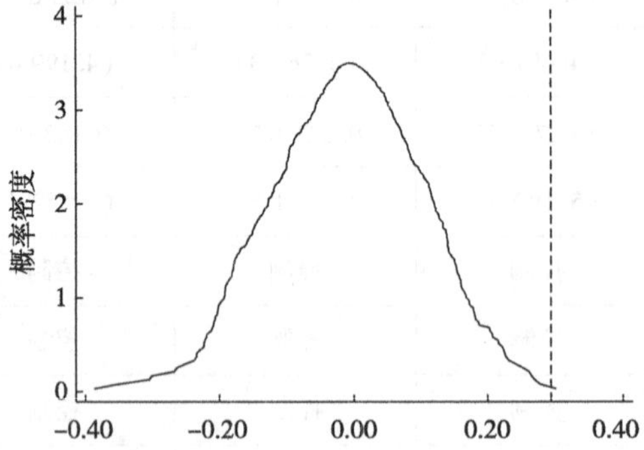

图 5-2　安慰剂检验估计系数的核密度分布（500 次随机模拟）

（三）其他稳健性检验

本小节就可能对研究结论产生影响的其他潜在问题进行了稳健性检验。

第一，两期 DID 估计。初始检验中，本章构建的双重差分法模型属于多期双重差分法。但是，有研究指出，多期 DID 方法常伴随着序列相关的问题，因此很容易对各个估计量的显著性水平产生高估（毛其淋、许家云，2018）。为此，这部分将使用两期双重差分模型再次进行估计。基本步骤是：首先，以企业首次服务型对外直接投资年份作为时间节点，将样本划分为两个时间段，第一段为服务型对外直接投资前的年份，第二段为服务型对外直接当年及之后的年份。其次，在每个时间段，计算每家企业各变量的算术平均值。表 5-8 第（1）列汇报了相应的回归结果，不难发现，与多期双重差分法的估计结果类似，核心解释变量 $du \times dt$ 的估计系数在 1%的水平下显著为正，再次表明服务型对外直接投资有效促进了企业产出水平的提升。

第二，更换倾向得分匹配比例。初始检验中，在进行倾向得分匹配时采用的匹配比例为 1∶3，为防止匹配比例对结果的干扰，本小节分别采用 1∶4 和 1∶5 重新匹配。回归结果汇报于表 5-8 的第（2）（3）列中。结果显示，在改变匹配比例后，服务型投资对企业产出的促进作用仍然存在，本章的基准结论不会随着匹配比例的不同而改变，具有较好的稳健性。

表 5-8　其他稳健性检验

	(1) 两期 DID	(2) PSM1∶4	(3) PSM1∶5
$du \times dt$	0.257 4***	0.274 5**	0.302 3***
	(4.093 4)	(2.457 9)	(2.750 1)
du	0.286 3***	0.422 8***	0.469 4***
	(3.304 0)	(4.344 8)	(4.976 9)
dt	0.846 0***	0.409 0***	0.368 4***
	(14.059 6)	(6.131 5)	(6.046 4)
控制变量	控制	控制	控制
行业效应	控制	控制	控制
省份效应	控制	控制	控制
时间效应	控制	控制	控制
观测值	1 362	9 046	10 246
R^2	0.429 7	0.436 7	0.433 4

四、异质性分析

基准回归估计得到的基本结论是，服务型投资显著提升了企业产出水平。但是这些估计是基于均值计量模型的框架，因此揭示的是服务型对外直接投资对企业产出的平均影响效应，无法体现出企业的异质性反应。接下来将在这部分引入企业及东道国异质性特征来进一步考察服务型对外直接投资对企业产出的不同影响。

（一）区分企业所有制性质

市场规模扩大和创新水平提升是服务型对外直接投资带动企业产出增长的两个可能渠道，但是，若企业在生产过程中对其面临的市场需求变动不够敏感，抑或自身创新动力不足，难以有效把握外界环境变化带来的创新机会，则服务型投资对企业产出的正向作用将随之受到限制。在中国市场上，不同所有权属性特征的企业具有不同的经济行为。具体而言，国有企业一般是涉及一国经济命脉的大型企业（张杰等，2013），国家基于战略因素考虑会为其制定生产方案，从而导致这些企业难以及时对外界市场需求变化做出反应，而非国有企业为了获取更多的利润，会根据外界市场需求的变化而迅速调整投入要素组合和生产量。同时，国有企业尤其是大型国有企业在市场中经常处于支配地位，能够在政府的庇佑下获取较大的资本回报，缺乏足够的动力去开展高风险、高投资、长周期的创新活动，而非国有企业则面临着较大的替代性竞争压力，为了在市场中生存需要持续不断地创新。因此，本小节预期服务型对外直接投资对非国有企业产出的影响更大。为此，本书根据企业所有权属性特征，将样本分为国有和非国有企业两个子样本，进行分样本检验，表5-9汇报了回归结果。可以发现，服务型投资显著促进了非国有企业产出水平的提升，而对国有企业影响不明显，与本书的预期一致。

表 5-9　异质性分析：所有制性质

	（1）国有企业	（2）非国有企业
$du \times dt$	0. 177 6	0. 350 4**
	(1. 019 5)	(2. 457 0)
du	0. 401 4**	0. 228 7**
	(2. 297 0)	(2. 241 4)
dt	0. 289 7**	0. 364 3***
	(2. 558 9)	(4. 010 7)
控制变量	控制	控制
行业效应	控制	控制
省份效应	控制	控制
时间效应	控制	控制
观测值	3 381	4 395
R^2	0. 486 0	0. 353 5

（二）区分投资模式

对外直接投资有绿地投资（也叫新建投资）和跨国并购两种模式，前者是指在东道国市场上通过独资或合资的方式新建一个企业，后者是指在东道国市场上收购或兼并一个已经存在的企业。不同投资模式对企业绩效的作用可能不同（白涛等，2013）。有鉴于此，本小节将进一步从投资模式角度探讨服务型对外直接投资对母公司产出的异质性影响；分组回归时，本小节首先筛选出绿地投资模式下的处理组企业，然后一一找出与其对应的 PSM 方法匹配上的对照组企业，合并后归入绿地投资模式组，剩余的样本归入跨国并购模式组，然后使用基准模型分别进行回归。分组回归的检验结果汇报于表 5-10 中。结果显示，绿地投资模式下的服务型对外直接投资显著促进了母公司产出的增长，而跨国并购未对母公司产出产生明显的影响。其原因可能在于以下几个方面：

其一，较绿地投资而言，跨国并购不仅易受东道国产业保护政策的限制和地方舆论的抵制，而且还面临着投资后两个完全不同企业的资产整合、人员调整、组织再造等一系列问题，这会消耗企业大量的资金和精力（白涛等，2013），不利于母公司生产规模的扩张，特别是在当前中国跨国并购整合经验不足、国际市场环境复杂多变的背景下，跨国并购模式下的服务型投资对产出的促进作用更难得到发挥。

其二，尽管有文献指出，较绿地投资而言，跨国并购是获取东道国前沿技术的更为直接的方式（薛敬孝、韩燕，2004），但一方面，目前中国企业研发投入和自主创新水平还较低，难以有效吸收跨国并购引致的逆向技术溢出，另一方面，跨国并购获得的是创新成果，而绿地投资获得的是创新资源，较后者而言，前者对母公司自主创新的激励更小（母公司更愿意直接使用创新成果而非进行自主创新）（Liu & Qiu，2016），因此，相比之下，绿地投资模式更有利于服务型对外直接投资“创新效应”的发挥，进而促进母公司产出的增长。

表 5-10 异质性分析：投资模式

	（1）绿地投资	（2）跨国并购
$du \times dt$	0.266 2*	0.289 9
	(1.955 4)	(1.642 4)
du	0.447 8***	0.293 2*
	(3.598 2)	(1.865 5)
dt	0.403 0***	0.365 8***
	(4.284 9)	(3.136 7)

续表

	(1) 绿地投资	(2) 跨国并购
控制变量	控制	控制
行业效应	控制	控制
省份效应	控制	控制
时间效应	控制	控制
观测值	4 487	3 289
R^2	0.468 3	0.463 8

(三) 区分省份交通基础设施建设水平

相关研究表明，企业的生产活动会受到外部地区交通基础设施建设水平的影响（张天华等，2017）。一方面，在交通基础设施较发达的省份，资本、劳动等投入要素能够快速流动，市场发育程度较好、竞争程度也较大，这有利于实现企业创新资源的优化配置，强化服务型投资通过“创新效应”对企业产出的正向促进作用；另一方面，公路、铁路等交通基础设施的建设具有一定的“时空压缩”作用，不仅缩短了产品的运输时间，还提高了运输量，位于交通基础设施发达省份的企业将能够更为灵活地应对外部市场需求，比如，当海外需求订单增多时，企业可以借助发展成熟的交通网络更为迅速地采购投入品、调整生产计划，并及时地将产品运输到出口边境，有助于强化服务型投资通过“需求效应”来促进企业产出增长的作用。因此，可以推测，服务型对外直接投资对那些处于交通基础设施发达地区企业的生产活动而言意义更大。为验证这个推测，本小节将所有省份按照交通基础设施建设水平划分为交通基础设施发达省份和不发达省份两组。借鉴现有研究的做法（Démurger，2001；Fleisher et al，2010；刘生龙、胡鞍钢，2011），用路网密度，即公路里程、铁路里程及内航河道里程的加总值与各省份国土面积之比来测度各省交通基础设施建设水平，然后取每个省份 2002—2017 年路网密度均值来作为这一省份的路网密度，接着取省份路网密度的 1/2 分位点作为两类不同省份的分界①，对每一类省份的子样本采用式（5-1）进行回归。表 5-11

① 各省份路网密度情况见第四章图 4-6，该图竖实线左侧的是交通基础设施不发达的省份，右侧的是发达的省份。

汇报了分组回归的结果，可以看出，服务型对外直接投资能够显著提升交通基础设施建设较发达省份企业的产出水平，对不发达省份企业的影响不明显，与本小节的预测一致。

表 5-11　异质性分析：省份交通基础设施建设水平

	(1) 不发达	(2) 发达
$du \times dt$	0.005 0	0.279 1**
	(0.022 1)	(2.286 9)
du	0.066 9	0.432 6***
	(0.239 2)	(4.225 9)
dt	0.390 2**	0.399 8***
	(2.000 7)	(5.150 2)
控制变量	控制	控制
行业效应	控制	控制
省份效应	控制	控制
时间效应	控制	控制
观测值	1 104	6 672
R^2	0.551 3	0.439 5

（四）区分东道国收入水平

已有不少研究表明，企业对外直接投资的经济效应与东道国收入水平有关（蒋冠宏、蒋殿春，2014；李磊等，2016）。因此，服务型对外直接投资对母国企业产出水平的影响可能因投资东道国收入水平的不同而出现差异。有鉴于此，本小节根据 2016 年世界银行对各国的划分标准①，将样本按照东道国收入水平分为高收入和低收入两组，再次使用式（5-1）进行回归，结果汇报于表 5-12 中。根据表 5-12 可知，高收入东道国样本组中 $du \times dt$ 的系数显著为正，而低收入东道国样本组中 $du \times dt$ 的系数显著为负，说明向高收入

① 划分标准：以 2016 年各国人均 GNI 为基准，人均 GNI 为 1 005 美元或更少的为低收入经济体；1 006~3 955 美元的为中等收入经济体；3 956~12 235 美元的为上中等收入经济体；12 236 美元或更多的为高收入经济体。本章将中高收入归入高收入组，将中低收入归入低收入组。

东道国投资服务业能有效促进母公司产出水平的提升，而向低收入东道国投资则对母公司产出水平不仅没有促进，反而产生了阻碍作用。这很可能是因为：一方面，相较于低收入发展中国家而言，发达国家拥有更先进的管理经验、更前沿的技术、更高素质的人才等创新资源；同时，其消费者对产品质量的要求更高，消费需求更加多样化，更能为企业带来创新思想，因此，也更容易促进母公司创新，进而带动企业产出的增长。另一方面，中国企业向低收入发展中国家投资主要是为了寻求资源，而向高收入发达国家投资则主要为了开拓市场和获取技术知识等，因此，向发达国家投资更有利于中国企业海外需求市场规模的扩大，进而促进母公司产出水平的提升。

表 5-12　异质性分析：东道国收入水平

	（1）高收入国	（2）低收入国
du	0.331 9***	−0.481 0*
	（2.942 4）	（−1.745 5）
du	0.364 7***	0.718 0**
	（3.651 8）	（2.078 3）
dt	0.358 2***	0.559 0***
	（4.850 7）	（3.008 1）
控制变量	控制	控制
行业效应	控制	控制
省份效应	控制	控制
时间效应	控制	控制
观测值	7 265	858
R^2	0.440 7	0.609 0

五、影响机制分析

本章通过构建中介效应模型进一步揭示服务型对外直接投资促进企业产出水平提升的传导机制，分三步进行检验：首先，将因变量对基础自变量回归；其次，将中介变量对基础自变量回归；最后，将因变量同时对基础自变量和中介变量回归（毛其淋、许家云，2017）。据此，本章建立的中介效应模型由如下三组回归式组成：

第一组：

$$\ln y_{it} = \alpha_0 + \alpha_1 du_i + \alpha_2 dt_{it} + \delta du_i \times dt_{it} + X'_{it}\gamma + \mu_p + \mu_c + \mu_t + \varepsilon_{it} \quad (5-2)$$

第二组：

$$\ln patent_{it} = \alpha_0 + \alpha_1 du_i + \alpha_2 dt_{it} + \delta du_i \times dt_{it} + X'_{it}\gamma + \mu_p + \mu_c + \mu_t + \varepsilon_{it} \quad (5-3)$$

$$\ln odemand_{it} = \alpha_0 + \alpha_1 du_i + \alpha_2 dt_{it} + \delta du_i \times dt_{it} + X'_{it}\gamma + \mu_p + \mu_c + \mu_t + \varepsilon_{it} \quad (5-4)$$

第三组：

$$\ln y_{it} = \alpha_0 + \alpha_1 du_i + \alpha_2 dt_{it} + \delta du_i \times dt_{it} + X'_{it}\gamma + \beta_1 \ln odemand_{it} + \beta_2 \ln patent_{it} + \mu_p + \mu_c + \mu_t + \varepsilon_{it} \quad (5-5)$$

其中，$\ln odemand_{it}$ 表示企业 i 在 t 年拥有的海外市场需求，采用企业海外业务收入加 1 取对数来衡量，该值越大，代表企业拥有的海外需求越大，反之则表明海外需求越小。$\ln patent_{it}$ 表示企业 i 在 t 年的创新水平，采用企业年度申请专利数加 1 取对数来表示，该值越大代表企业创新水平越高。

服务型对外直接投资对企业产出 $\ln y_{it}$ 的影响渠道检验结果汇报于表 5-13 中。其中，第（1）列报告的是基准 DID 式（5-2）的估计结果。第（2）（3）列是分别对式（5-3）、式（5-4）进行估计的结果。第（4）（5）列是在式（5-2）的基础上分别加入中介变量 $\ln odemand_{it}$、$\ln patent_{it}$ 的估计结果。第（6）列汇报的是在基准 DID 模型基础上同时加入中介变量 $\ln odemand_{it}$ 和 $\ln patent_{it}$，即式（5-5）的回归结果。表 5-13 第（1）列的估计结果显示，核心解释变量 $du \times dt$ 的估计系数显著为正，说明服务型对外直接投资显著促进了企业产出的增长。第（2）列报告了以企业创新水平 $\ln patent_{it}$ 为被解释变量的估计结果，可以发现双重差分法估计量 $du \times dt$ 的估计系数在 1%的水平上显著为正，表明服务型对外直接投资显著促进了企业创新水平的提升。第（3）列报告了以 $\ln odemand_{it}$ 为被解释变量的估计结果，结果显示，交叉项 $du \times dt$ 的估计系数显著为正，这意味着服务型投资带动了企业海外市场需求规模的扩张。表 5-13 第（4）～（6）列汇报了因变量对基准自变量和中介变量回归的结果。不难发现，中介变量 $\ln patent_{it}$ 的估计系数始终在 1%水平上显著为正，说明创新水平的提升有助于促进企业产出的增长。同时，中介变量 $\ln odemand_{it}$ 的估计系数也显著为正，表明海外市场需求规模的扩大的确是促进企业产出增长的关键因素。此外，本书还发现，与表 5-13 第（1）列的基准估计结果相比，当第（4）（5）列分别加入企业创新水平中介变量和海外市场需求中介变量后，双重差分法估计量 $du \times dt$ 估计系数值和显著性水平都有所下降，这初步说明“创新效应”和“需求效应”传导机制是存在的。在第（6）列同时加入 $\ln patent_{it}$ 和 $\ln odemand_{it}$ 后，核心解释变量 $du \times dt$ 的估计系数值及显著性水平出现了进一步的下降，这再次说明创新水平提升和海外市场需求增加是服务型对外直接投资促进企业产出增长的重要途径，即服务型投资能够通过“创新效应”与“需求效应”而促进企业产出提升，进而验证了假设 6 和假设 7。

此外，从系数值上可知，服务型投资对企业产出的总效应是 0.292 9，直接效应是 0.181 0，通过创新对产出发挥的间接效应为 0.081 9（=0.188 7×0.434 2），在总效应中的占比为 28%（=0.081 9/0.292 9），而通过海外需求对产出发挥的间接效应为 0.030 0（=0.010 7×2.801 9），具体占比为 10%（=0.030 0/0.292 9）。至此，不难发现，与需求扩张机制相比，创新机制对服务型投资产出效应的影响更大。结合本书对企业升级的定义，即企业创新带动的企业成长可知，服务型投资能够有效促进企业实现升级。

表 5-13 影响机制检验结果

	(1) ln*y*	(2) ln*patent*	(3) ln*odemand*	(4) ln*y*	(5) ln*y*	(6) ln*y*
du × *dt*	0.292 9***	0.434 2***	2.801 9***	0.207 7**	0.252 3**	0.181 0*
	(2.609 2)	(2.815 5)	(3.621 3)	(2.015 6)	(2.264 2)	(1.764 5)
du	0.367 6***	0.470 6***	2.043 2***	0.275 3***	0.338 0***	0.257 0***
	(3.751 8)	(4.072 6)	(3.535 3)	(2.929 8)	(3.429 3)	(2.732 6)
dt	0.393 0***	0.074 3	0.781 1	0.378 4***	0.381 6***	0.370 6***
	(5.339 2)	(0.740 7)	(1.427 9)	(5.377 6)	(5.220 6)	(5.267 8)
ln*patent*				0.196 2***		0.188 7***
				(7.397 5)		(6.944 4)
ln*odemand*					0.014 5***	0.010 7***
					(4.302 8)	(3.325 7)
控制变量	控制	控制	控制	控制	控制	控制
行业效应	控制	控制	控制	控制	控制	控制

续表

	(1) lny	(2) lnpatent	(3) lnodemand	(4) lny	(5) lny	(6) lny
省份效应	控制	控制	控制	控制	控制	控制
时间效应	控制	控制	控制	控制	控制	控制
观测值	7 776	7 776	7 776	7 776	7 776	7 776
R^2	0.436 8	0.289 4	0.276 1	0.477 3	0.444 4	0.481 3

第五节　拓展分析

一、动态效应分析

为了检验服务型对外直接投资对企业产出的动态影响，本小节将基准DID模型（5-1）进行如下形式的扩展：

$$\begin{aligned} \ln y_{it} = {} & \alpha_0 + \alpha_1 du_i + \alpha_2 dt_{it} + \sum_{q=0}^{n} \gamma_q du_i \times dt_{it} \times After\_q \\ & + Z'_{it}\lambda + \mu_p + \mu_c + \mu_t + \varepsilon_{it} \end{aligned} \tag{5-6}$$

式中，$After\_q$ 是企业服务型投资后第 q 年①（$q=0$，$1\cdots n$）的年度哑变量，如果某年是企业 i 服务型投资后第 q 年，则该年度的 $After\_q$ 取1，其他年份都取0。γ_q 可以衡量企业服务型投资后第 q 年对产出水平的提升效应，其他变量的解释与式（5-1）相同。分别取 n 为3、4、5、6，然后使用式（5-6）进行回归，估计结果汇报于表5-14中。结果显示，除投资当年以外，其他时期三重交叉项 $du_i \times dt_{it} \times After\_q$ 的估计系数均显著为正，说明服务型投资对企业产出的影响可能存在1年的时滞。对此可能的解释是，企业通过服务型投资来降低贸易成本，获得更大的海外需求以促进企业生产，这个效应的发挥需要一定的时间，同时“创新效应”的发挥也需要一段时间。此外，根据回归结果得到的系数值可知，服务型投资对企业产出水平的边际影响呈现上升趋势。图5-3更为直观地展示了服务型投资对企业产出水平的动态影响过程，其中实线部分描绘的是表5-14第（4）列中服务型投资的边际效应，虚线部

① $q=0$ 表示企业投资当年；$0<q<n$ 表示企业投资后第 q 年；$q=n$ 表示企业投资后第 n 年及大于 n 年。

分刻画的是90%置信区间。可以清晰地看到，边际效应线向右上方倾斜，即服务型投资对企业产出水平的提升作用随着时间的推移而递增。

表5-14　动态效应检验

	(1) $n=3$	(2) $n=4$	(3) $n=5$	(4) $n=6$
$du \times dt \times After\_0$	-0.048 1	-0.049 2	-0.050 3	-0.050 7
	(-0.601 3)	(-0.615 4)	(-0.629 1)	(-0.635 0)
$du \times dt \times After\_1$	0.140 2*	0.139 8*	0.139 2*	0.138 6*
	(1.667 2)	(1.663 4)	(1.656 3)	(1.650 0)
$du \times dt \times After\_2$	0.187 6*	0.187 2*	0.187 1*	0.186 6*
	(1.942 7)	(1.939 9)	(1.938 8)	(1.935 2)
$du \times dt \times After\_3$	0.484 6***	0.344 4***	0.343 9***	0.343 7***
	(3.046 2)	(3.081 3)	(3.078 8)	(3.078 3)
$du \times dt \times After\_4$		0.519 2***	0.345 7***	0.345 6***
		(2.927 8)	(2.673 8)	(2.673 5)
$du \times dt \times After\_5$			0.567 9***	0.393 4***
			(2.861 1)	(2.777 8)
$du \times dt \times After\_6$				0.626 1***
				(2.750 0)
du	0.366 9***	0.366 8***	0.366 6***	0.366 6***
	(3.744 8)	(3.743 4)	(3.742 4)	(3.741 6)
dt	0.414 6***	0.417 1***	0.419 2***	0.420 7***
	(5.479 5)	(5.469 7)	(5.468 2)	(5.465 2)
控制变量	控制	控制	控制	控制
行业效应	控制	控制	控制	控制
省份效应	控制	控制	控制	控制
时间效应	控制	控制	控制	控制
观测值	7 776	7 776	7 776	7 776
R^2	0.440 0	0.440 2	0.440 5	0.440 7

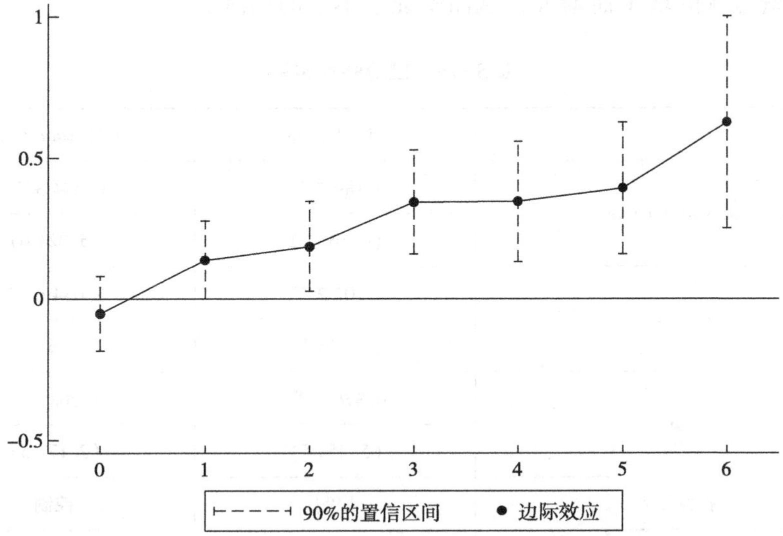

图 5-3 服务型对外直接投资对企业产出水平的动态影响

二、投资强度分析

在初始检验中，本书将投资金额不同的企业等同对待，比如，向海外投资了 1 000 万美元的企业归为处理组，只投资 1 万美元的企业也归为处理组。但投资金额不同，对企业产出影响的大小很可能也不相同。当服务型对外直接投资的金额较大时，其对扩大企业海外市场、提升企业创新水平产生的促进作用很可能也更大，进而导致母公司产出水平的提升幅度更大。由此本书预期，服务型投资对企业产出的促进作用与投资金额正相关，即“投资金额越大，产出效应”越大。为此，本小节借鉴一些学者（Moser & Voena, 2012）的思路将回归方程（5-1）变形为如下形式（连续型 DID）：

$$\ln y_{it} = \alpha_0 + \alpha_1 du_i \times value_i + \alpha_2 dt_{it} + \delta du_i \times dt_{it} \times value_i + Z'_{it}\lambda + \mu_p + \mu_c + \mu_t + \varepsilon_{it} \tag{5-7}$$

式中，$value_i$ 代表企业投资金额，采用两种策略来衡量：一是首次服务型对外直接投资金额加 1 的对数值（$\ln value$）；二是首次服务型对外直接投资金额与当年度样本内全部服务型对外直接投资金额之比（$value/sum$）。表 5-15 汇报了回归结果。结果显示，核心解释变量 $du \times dt \times value$ 的系数均在 1%的水平上显著为正，说明服务型对外直接投资对企业产出水平的正向促进作用随着投资金额的增多而增大，从而验证了本书的推测。

表 5-15　投资强度检验

	（1）ln*value*	（2）*value/sum*
du × *dt* × *value*	0.189 2***	0.374 3***
	(4.363 0)	(5.324 6)
du × *value*	0.102 2***	2.084 6***
	(3.046 1)	(4.161 4)
dt	0.376 0***	1.208 2**
	(5.250 5)	(2.177 5)
控制变量	控制	控制
行业效应	控制	控制
省份效应	控制	控制
时间效应	控制	控制
观测值	7 776	7 776
R^2	0.438 7	0.440 7

三、服务型与生产型对外直接投资的差异

至此，本书已经详细探讨了服务型对外直接投资对中国企业产出的影响，但是这种影响与纯生产型投资（样本期内仅投资过生产行业）相比是否存在差异？为方便对比，本章继续使用基准回归中 PSM 方法得到的非对外直接投资企业作为对照组，将在样本期内进行过纯生产型对外直接投资的企业作为新处理组，然后使用模型（5-1）进行回归。由于使用 DID 模型的前提是处理组和对照组企业要满足平行趋势假设，即在向海外投资前，两组企业的产出增长趋势要一致。为此，本章利用图示法来考察两组企业在样本期内的产出情况。图 5-4 展示了两组企业在投资前后 3 年的产出变动趋势。横坐标表示投资时期，位于投资时期为 0 处的竖虚线代表投资开始时期，该虚线左方和右方分别代表投资前、后时期。纵坐标表示企业产出量。由图 5-4 可知，

投资前，新处理组和对照组的产出量曲线近似平行，说明在投资之前新处理组和对照组企业产出变动趋势基本一致。而投资后时期，两组企业之间的产出趋势差异开始微微出现，表明本小节选用的新处理组和对照组近似满足平行趋势条件，可以用 DID 模型（5-1）进行回归。

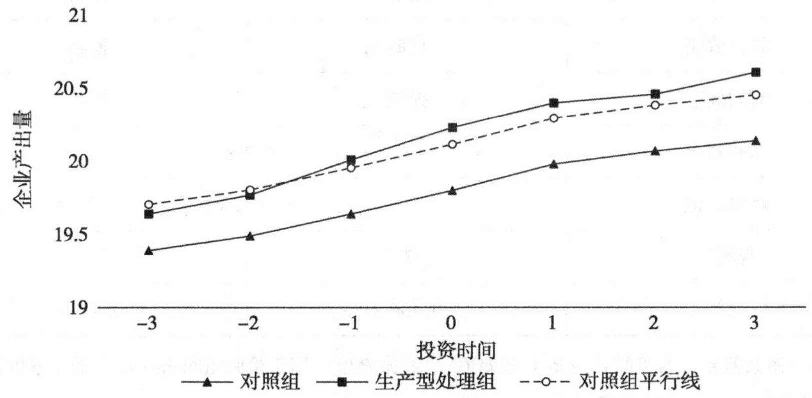

图 5-4　生产型对外直接投资企业和对照组企业投资前后产出水平变化趋势

表 5-16 的第（2）列汇报了回归结果，为便于对比，本小节将初始检验的结果置于第（1）列中。结果显示，生产型对外直接投资尽管也能促进企业产出的增长，但其促进效应低于服务型投资，表明在对外直接投资促进企业产出过程中，服务型投资起到了更为重要的作用。由费舍尔组合检验得出的经验 p 值可知，上述差异在统计上具有显著性，本小节的结论较为可靠。

表 5-16　服务型与纯生产型对外直接投资差异

	（1）服务型对外直接投资 VS 非对外直接投资	（2）纯生产型 VS 非对外直接投资
$du \times dt$	0. 292 9***	0. 210 1*
	(2. 609 2)	(1. 772 3)
du	0. 367 6***	−0. 051 3
	(3. 751 8)	(−0. 435 2)
dt	0. 393 0***	0. 417 6***
	(5. 339 2)	(5. 815 9)

续表

	（1）服务型对外直接投资 VS 非对外直接投资	（2）纯生产型 VS 非对外直接投资
控制变量	控制	控制
行业效应	控制	控制
省份效应	控制	控制
时间效应	控制	控制
系数差异	0.082 8**	
经验 *P* 值	（0.042 0）	
观测值	7 776	7 191
R^2	0.436 8	0.432 8

注："系数差异"为组间 $du \times dt$ 系数差值；"经验 *P* 值"用于检验组间 $du \times dt$ 系数差异的显著性，通过抽样（Bootstrap）500 次得到。

第六节　本章小结

本章立足于中国企业对外直接投资聚焦于服务业的大背景，采用上一章使用 PSM 方法匹配的数据，基于双重差分法（DID）实证考察了服务型投资与企业成长，即企业升级的"量"之间的关系。结果发现：

首先，服务型对外直接投资显著促进了以企业产出作为衡量指标的企业成长。

其次，服务型投资对企业产出的影响在企业所有制性质、投资模式等方面存在异质性。具体表现为，非国有企业、地处交通基础设施较发达省份的企业、投资模式为绿地投资的企业、投资目的地为高收入东道国的企业，从服务型投资中获益更大。此外，传导机制分析发现，服务型对外直接投资可通过提升企业创新水平（"创新效应"）和扩大企业海外市场需求规模（"需求效应"）而促进企业产出增长。其中，通过创新对企业产出发挥的间接效应占总效应的比值达到了 28%，而通过需求的比值仅为 10%，即与需求机制相比，创新机制在服务型投资促进企业产出增长过程中起到的作用更大。

最后，在评估服务型投资对企业产出的积极效应时，如果仅仅考虑平均影响，那是不够全面的，还应该考虑时间趋势和投资强度，所以，本章在最后还进行了拓展分析，结果显示：从投资时间上看，服务型投资对产出的影响在企业投资之后随着时间的推移而增强；从投资强度上看，服务型投资对企业产出的提升效应随着企业投资金额的增加而变大；同时，通过对比服务型与纯生产型投资对企业产出影响的差异发现，服务型投资对企业产出的促进作用更大，体现出在对外直接投资带动中国企业产出增长中服务型投资的关键作用。

本章从企业产出变化的角度为理解中国服务型对外直接投资对企业升级“量”的影响提供了经验证据，具有一定的政策启示意义。尽管对外投资作为中国近年来对外开放的重要战略受到了广泛的支持，但也有学者担心大规模的中国企业“走出去”会导致国内产业的转移和产出的萎缩。本章的结论则提示，由于中国企业对外直接投资聚焦于服务业，而服务型投资对产出的促进作用是显著而有力的，因此，无须担忧“走出去”战略可能引起的物质生产下降问题。2017 年 12 月，国家发展和改革委员会正式颁布了最新的《企业境外投资管理办法》，针对中国对外直接投资过程中出现的新问题对已有的管理制度进行了改革，在一定程度上促进了中国企业对外直接投资的长期有序健康发展，中国政府应对其加以贯彻执行以助推新一轮对外投资，同时还应继续制定相关政策鼓励并支持企业向海外投资服务业，通过融入全球创新网络和开拓海外新市场来带动中国经济持续增长。

此外，本章还发现，不同所有制性质、投资模式等的企业受服务型投资的影响不同，为了更好地发挥服务型投资对企业产出的正向促进作用，一方面，政府要积极引导更多非国有企业向海外投资，以更加有效地利用服务型投资带来的产出增长机会；另一方面，政府要加强对各省交通基础设施的建设，从而更好地发挥服务型投资带来的产出提升效应。

尤其应当注意，政府要关注当前中国企业跨国并购整合能力较弱、难以充分吸收被并购企业技术知识的现状，强化对国内人才尤其是企业国际化经营管理人才的选拔和培养。同时，大力度鼓励企业向收入水平较高的东道国进行投资，因为高收入发达国家研发资源更丰富、技术和管理水平更高，更能促进企业提升产出水平。政府还要充分认识到当前中国生产型对外直接投资在促进企业产出增长中作用有限且小于服务型投资的事实，在推动企业开展生产型投资时，注重强化海外子公司与本土企业之间的关联性，尽可能减小对外直接投资对企业生产的挤出。

第六章　全书总结、政策启示与研究展望

对外直接投资的经济效应问题是对外直接投资领域的重点问题。中国作为发展中国家，自2000年中国开始确立“走出去”战略以来，中国企业向海外投资已有20多年时间，取得了较为显著的成绩。与生产型投资相比，服务型投资无须建立大型生产基地、面临的生产率准入门槛较低，是中国对外直接投资的重点。本书以此为背景，试图全面、系统地探究服务型对外直接投资与企业升级之间的关系，得到了相对完备的研究结论。本章将对前述几章的研究成果进行汇总，概括本书的核心结论，在其基础上提出若干政策建议；最后，指出了本书的不足之处，并就该领域未来可能的研究方向进行了展望。

第一节　主要结论与政策启示

一、主要结论

在导论中，本书首先分析了近十几年来中国对外直接投资行业分布的变化趋势，通过对2004—2018年中国服务型投资流量占比、生产型投资流量占比的对比分析，发现服务型投资是中国对外直接投资的主力。通过对既有研究进行总结后发现，现有文献重点关注对外直接投资整体，抑或具有特殊属性服务型投资的经济效应，缺乏对服务型投资整体经济效应的系统性评估，尤其忽视了服务型投资对中国企业升级的重要作用。

有鉴于此，本书从企业升级的定义入手，分别从企业升级的“质”和“量”两个角度深入剖析了服务型投资对中国企业的影响。具体而言，本书主要研究了三方面内容：第一，从理论上看，服务型对外直接投资对企业升级“质”（企业创新）和“量”（企业成长）可能产生怎样的影响，其传导路径具体有哪些。第二，从实证上看，服务型投资是如何影响企业自主创新的；

第三，从实证上看，服务型投资是如何影响企业成长的，如果服务型投资能同时促进企业创新与企业成长，那么创新水平提升是否是促进企业成长的关键渠道。

（一）理论分析结论

本书对既有研究进行了总结，从理论上分析了服务型对外直接投资影响企业升级“质”（企业创新）和“量”（企业成长）的可能传导机制，并在此基础上提出了研究假设，为后续实证分析提供了理论基础。得到的主要结论如下。

首先，服务型对外直接投资可以促进母国企业自主创新水平的提升，且该作用主要通过“市场规模效应”、“资金流效应”和“创新资源流通效应”这三个路径产生。其中，“市场规模效应”是指服务型对外直接投资通过扩大企业海外市场规模而促进母国企业自主创新水平提升的机制。这种作用主要来自降低企业贸易成本以促进出口、缩短企业与海外消费者之间的时空距离以降低两者之间的信息不对称程度、为海外消费者提供更加优质的服务以提升产品国际知名度等。“资金流效应”是指服务型对外直接投资通过增加企业可用的内源资金、缓解其面临的外部融资约束而促进母国企业自主创新的机制。这种作用主要来自增加企业海外收入、拓宽企业国际融资渠道等。“创新资源流通效应”是指服务型对外直接投资通过吸收东道国创新资源而促进企业自主创新的机制。这种作用主要来自嵌入全球创新体系、获取国际前沿技术知识及研发成果、雇用海外优秀人才等。

其次，服务型对外直接投资可以促进母国企业生产规模的扩大，即促进企业实现成长，且该作用主要通过“创新效应”和“需求效应”这两个路径产生。其中，“创新效应”指服务型对外直接投资通过促进母国企业创新而从供给角度带动自身产出增长的机制。这种作用主要来自提升技术创新水平、降低生产成本、增强生产能力等。“需求效应”指服务型对外直接投资通过扩大企业海外需求而从需求角度激励企业扩大生产的机制。这种作用主要来自拓展海外需求、强化企业风险分散能力、稳定企业市场预期等。

（二）服务型对外直接投资对企业升级“质”的影响：基于企业创新视角的实证分析

本书借助2002—2017年的“BvD Zephyr数据库”与“fDi Markets数据库”首次整理了含有企业服务型对外直接投资详细信息的“中国企业对外直

接投资全新数据库”，基于该数据库与“Wind 数据库”合并的数据，利用倾向得分匹配法（PSM）和双重差分法（DID）来实证检验前 4 个研究假设，以对服务型对外直接投资促进企业升级“质”的方面，即企业创新的影响和路径提供经验证据。得到的主要结论如下：

第一，服务型对外直接投资显著促进了中国企业自主创新水平的提升。以专利申请数或发明专利申请数的平均值为参照可知，它使得企业专利申请数量上升了 25.20%，发明专利申请数量上升了 31.34%。在改用研发投入、全要素生产率、获得专利作为企业创新的代理变量，并进行随机抽取检验、更换倾向得分匹配比例之后，服务型投资对企业创新的正向作用仍旧显著，研究结论稳健。由此表明服务型投资能够对企业升级“质”的方面产生积极作用。

第二，服务型对外直接投资对不同类型企业创新的影响不同。具体体现为，对管理效率较高企业自主创新的促进作用大于管理效率较低的企业，对投资模式为绿地投资企业的促进作用大于投资模式为跨国并购的企业，对地处交通基础设施发达省份企业的促进作用大于落后省份企业，对投资东道国为高收入发达国家企业的促进作用大于投资东道国为低收入发展中国家企业。

第三，与理论分析部分提出的研究假设一致，海外市场规模的扩大（“市场规模效应”）、可用资金的增加（“资金流效应”）、创新资源的获取（“创新资源流通效应”）是服务型对外直接投资促进中国企业自主创新水平提升的可能影响途径。

第四，从时间上看，服务型投资对企业自主创新的影响存在 2 年左右的时滞，且这种效应在长期内呈现出了波动式上升趋势；从投资强度上看，服务型投资对自主创新的促进作用随着投资金额的增加而上升。此外，与生产型对外直接投资相比，服务型对外直接投资对创新的促进作用更为明显。

（三）服务型对外直接投资对企业升级“量”的影响：基于企业成长视角的实证分析

本书使用 2002—2017 年中国非金融类上市企业数据，利用倾向得分匹配法（PSM）和双重差分法（DID）来实证检验第 5 到第 7 个研究假设，以对服务型对外直接投资促进企业升级“量”的方面，即以企业产出为衡量指标的企业成长的影响和路径提供经验证据。得到的主要结论如下：

第一，服务型对外直接投资显著促进了企业产出规模的扩大。通过更换产出规模的衡量指标后发现，它不仅促进了企业产出增加值、营业收入的增长，还促进了企业雇用的劳动力人数、固定资产投资额，乃至企业产出增长率的提升。由此说明服务型投资有助于企业实现成长，即能够对企业升级“量”的方面产生正向促进作用。

第二，服务型投资对不同类型企业产出的影响不同。具体体现为，对非国有企业产出的促进作用大于国有企业、对投资模式为绿地投资企业产出的促进作用大于跨国并购企业、对地处交通基础设施发达省份企业产出的促进作用大于不发达省份企业、对投资东道国为高收入国家企业产出的促进作用大于低收入国家企业。

第三，创新水平的提升（“创新效应”）和海外需求的增加（“需求效应”）是服务型对外直接投资促进企业产出增长的可能途径。更进一步分析发现，服务型投资通过创新促进产出提升的间接效应是 0.081 9，占总效应的 28%，而通过需求扩张促进产出提升的间接效应是 0.030 0，占总效应的比值为 10%，说明与需求机制相比，创新机制在服务型投资促进企业产出增长过程中起到了更为重要的作用，即服务型投资主要是通过促进企业创新而带动企业成长的。

第四，从时间上看，服务型投资对产出的促进作用在投资之后逐步增强；从投资强度上看，服务型投资对企业产出的提升效应随着企业投资金额的提升而变大。此外，通过对比分析发现，服务型投资的产出效应要高于生产型投资，进而从投资行业角度为对外直接投资与国内产出之间的互补关系提供了解释。

二、政策启示

综合本书的理论与经验分析，可以得到如下几个方面的政策启示：

第一，政府要持续推进“走出去”战略，尤其要加大力度鼓励企业向海外投资服务业。本书的研究结论显示，服务型对外直接投资显著提高了企业的自主创新水平，并进一步促进了母公司产出的增长，通过“质”和“量”两个方面驱动企业实现了升级，增强了企业的国际竞争力。不难看出，服务型对外直接投资给中国企业的长期增长以及中国经济的高质量发展带来了较大的益处，就这一视角来看，服务型对外直接投资的成绩是应该被肯定的。为了推动中国企业更好地融入国际市场以实现更好的发展，需要加速实施

“走出去”战略。尽管中国近十多年来对外直接投资尤其是服务型投资规模增长迅速，但是相对于其他发达国家而言，中国对外直接投资的空间和潜力还是较大的。具体而言，政府可从“走出去”管理体制着手，进一步修订与完善与企业服务型对外直接投资相关的政策法规，通过简化企业服务型投资的审批程序、加强对国内企业的海外投资信息服务等方式为企业服务型投资创造高效的内部环境；另一方面，要善于把握全球产业分工再调整的机遇，重视与世界各国的合作交流，加快推进双边投资协定谈判，为企业向海外投资服务业营造和谐的外部环境，增强企业国际化的信心，推动企业的服务型对外直接投资进程。

当前，新冠肺炎疫情正在全球诸多国家大肆蔓延，中国企业对外直接投资面临着更大的风险。2020年2月，中国商务部印发了《关于应对新冠肺炎疫情做好稳外贸稳外资促消费工作的通知》，提出要设立海外疫情应对快速反应机制，中国政府应尽快对其加以落实，及时了解企业在对外投资过程中所面临的问题和诉求，助力企业打赢疫情阻击战，降低此次疫情对企业对外投资的冲击。

第二，政府要加强企业管理能力的培养，切实提升企业管理效率。本书研究发现，服务型对外直接投资对不同管理效率企业自主创新的影响具有异质性，管理效率越高的企业越容易把握国际市场带来的创新机会，越能从服务型投资中获益。由此可知，尽管服务型对外直接投资在总体上有利于中国企业自主创新，但并非所有企业都可以从中得到好处，即服务型对外直接投资的利益主要被管理效率高的那部分企业所获取。所以，从这个层面上来看，提升管理能力是企业参与分享“走出去”战略下服务型对外直接投资所带来的利益“蛋糕”的先决条件。具体而言，政府一方面可利用财政专项补贴、资金支持等方式，增加对中国企业管理人员的培训投入；另一方面，可加强与国际知名管理培训机构的合作，完善培训效果评估体系，定期开展国际培训交流活动，为企业家制定更具针对性、质量更高、效果更好的培训计划，切实提升中国企业家的管理能力。此外，政府还可适当引导企业构建“干中学”的管理模式，以学促干，以干促学，调动企业家对管理技能学习的主动性和积极性，强化其自主学习意识。

第三，政府要不断深化国资国企市场化改革，推动不同所有制企业共同发展，充分发挥不同所有制企业在带动中国经济发展中的重要作用。本书的研究结论显示，服务型对外直接投资对不同所有制企业的影响不同，与国有企业相比，非国有企业服务型投资更能促进自身产出的增长。因此，从这个视角上来看，有必要加快推进国资国企市场化改革。具体而言，一方面，政府要持续降低国有企业管理行政化程度，坚定政企分开的改革方向；另一方面，要不断优化国有资本布局，对不同类别的企业按照不同的模式进行管理，提升企业的运营效率。此外，还要坚决按照党的十九届四中全会所提出的国企改革目标，不断完善现代企业制度，持续推进对外经营市场化、内部管理市场化、管理体制市场化，提升国有企业的经济活力和经营效率。

第四，要持续推进各省交通基础设施建设。本书得出的结论表明，在交通基础设施发达省份，服务型对外直接投资对企业创新以及产出的促进作用更大，因此，提高各省交通基础设施建设水平，构建有利于企业发展的外部环境尤为重要。具体而言，政府可以采用区域差异化发展策略，对于交通基础设施已经较为完备的地区，可将建设重点转移到结构的完善和质量的提升上来，逐步形成具有较高现代化程度的交通运输体系；对于交通基础设施相对较为落后的地区，应加大基础设施建设的投资力度，可应用转移支付来增加对这些地区的资金支持。

第五，要充分认识到当前中国企业跨国并购服务部门未能促进企业自主创新与产出增长的事实，重视跨国并购中的资源整合问题。本书的研究表明，就投资模式来看，与跨国并购相比，绿地投资模式下的服务型投资不仅更能促进企业升级方面“质”的提升，而且更有利于企业升级方面“量”的增长。究其原因，一方面可能是在中国企业跨国并购经验不足的条件下，企业进行跨国并购后需要将大量的资金和精力投入到并购后文化整合、人员调整等问题中去，这显然是不利于企业开展自主创新活动或扩大生产规模的。另一方面，当前中国企业的技术吸收能力相对较为薄弱，尽管跨国并购是企业直接获取东道国前沿技术知识的一种重要方式，但企业自身技术水平太低将不利于其从海外子公司中获取先进知识，因此，对企业自主创新和产出的促进作用会受到限制。不论是上述哪种原因，都不利于服务型投资“创新效应”和“产出效应”的发挥。因此，为了提高服务型投资的功效，需要尤为重视中国企业跨国并购中的资源整合难题。具体而言，政府可充分利用已与诸多国家签订的双边投资保护协定，为中国企业跨国并购提供有效保护；同时，加大力度推动中国与更多国家签订双边投资保护协定。此外，政府还应适当建立与企业跨国并购行为紧密联系的法律和法规，提升企业跨国并购的谨慎性。

第二节 研究的不足与未来展望

一、研究的不足

本书从服务型对外直接投资的视角为中国企业的升级提供了一个全新的解释，丰富了中国关于“走出去”战略经济效应的经验研究，更为关键的是，本书为事后评估中国服务型对外直接投资的微观影响提供了一个有益的证据。但不可避免的是，由于个人研究能力以及可获得资料有限，本书还存在一些有待改进的地方，具体主要包括如下三个方面：

第一，就服务型投资对企业升级的影响机理还缺乏模型化表述。本书主要考察的是企业服务型投资后对企业自身自主创新和产出规模这两个层面的影响，在对每一层面进行分析时，本书并未构建严谨的数理模型来证明本书的观点，而是在对现有文献和相关理论进行归纳总结的基础上，结合中国企业服务型对外直接投资的特点，通过逻辑推理提出了本书的研究假设。尽管这种历史文献研究方法能够清晰地展示每个层次所考察问题的影响机理，但在严谨性上依旧有所欠缺。因此，如何利用数理模型来对本书中的主要观点进行佐证，还有待进一步探讨。

第二，研究内容有待进一步充实。一方面，本书通过异质性分析考察了不同组别企业服务型对外直接投资对企业绩效的差异化影响，并对不同组别下产生不同结果的可能原因进行了分析，但限于篇幅，本书并未基于既有数据利用实证模型对这些原因进行一一验证。另一方面，本书通过梳理文献和构建实证模型对服务型对外直接投资影响企业自主创新以及产出规模的路径进行了初步探索，发现了市场规模效应机制、创新资源流通机制等，其中的每一个机制都值得进行更为深入的研究，以加深对本研究主题的认识，但限于篇幅，本书并未对这些机制进行更为细致的探讨。

第三，研究视角有待进一步拓展。受限于篇幅，本书在考察服务型对外直接投资的经济效应时，主要选取企业升级的角度来展开研究，但是服务型对外直接投资对母国企业的影响还可能体现在其他方面（如企业利润、企业进口等)，对这些问题的研究能够在一定程度上加深研究界对服务型对外直接投资对母国企业经济效应的认识；此外，本书主要基于企业微观层面展开研究，未从行业中观层面或国家宏观层面就服务型投资对母国的经济效应展开分析，而非常明显的是，对这类问题的研究有利于更为全面客观地理解服务型对外直接投资的“得失”问题。因此，本书的研究视角还有待向更多方向进行拓展。

第四，本书使用的数据可进一步完善。本书中使用的微观企业数据主要来自“Wind 数据库”，尽管这个数据库已是当前涉及的企业数据较为详细且应用较为广泛的数据库，涵盖的企业也非常具有代表性，但尚未囊括全部中国企业，这会在一定程度上削弱本书研究结论的说服力。

二、研究的未来展望

服务型对外直接投资对中国企业绩效的影响是一个研究成果尚不丰富的领域，还有很多问题有待进一步分析。由于个人研究能力和可获得资料有限，本书还存在着上述有待改进之处。针对这些不足，笔者希望在以后的研究中对其加以完善，对服务型对外直接投资经济效应问题进行如下几个方面的更为深入的研究。

第一，进一步充实服务型对外直接投资的理论基础，尝试构建数理模型来解释中国服务型对外直接投资的企业升级效应。目前，企业对外直接投资的理论基础主要来自基于赫尔普曼等（Helpman et al，2004）构建的 HMY 模型，该模型主要探讨的是企业对外直接投资决策的问题，重点关注企业对外直接投资前的情况。本书的研究主题考察的是企业对外直接投资后对母公司的影响，关于这一领域的理论模型还较为缺乏，也是当前学术界正在着力解决的问题。如何将典型的 HMY 模型动态化，将其适用范围由对外直接投资前母公司的决策问题延伸到对外直接投资后对母公司经济效应的问题上来，并逐步扩充到服务型对外直接投资的企业升级效应方面，是本书未来的一个可拓展方向。

第二，深化对服务型对外直接投资经济效应的研究。首先，对服务型对外直接投资对不同类别企业绩效影响的差异进行更为深入的考察，挖掘并验证产生异质性影响背后的真正原因。其次，就服务型对外直接投资影响企业自主创新及产出规模的每一条路径进行更为细致的分析。以市场规模效应为例，本书发现市场规模扩大是服务型对外直接投资促进企业自主创新水平提升的渠道之一，但就服务型投资如何影响企业面临的海外市场规模并未进行深入研究，因此，这可作为未来探索的一个方向。最后，将服务型对外直接投资经济效应的研究拓展到更多领域，比如，考察其对企业利润率、企业进口、行业竞争力或国家竞争力等方面产生的具体影响。

第三，进一步充实中国企业微观数据。本书使用的企业数据无法覆盖全部中国企业，使得本书的研究结论缺乏普适性，今后可更加广泛地搜集各类企业层面的微观数据，使用更加全面的数据来对服务型对外直接投资的研究主题展开分析，以期得到更具普遍性的结论。

参考文献

[1] 白涛，焦捷，金占明，等．投资区位、进入模式选择与海外子公司存活率之间的关系：以中国企业对外直接投资为例 [J]．清华大学学报（自然科学版），2013，53（2）：280-288.

[2] 蔡卫星，倪骁然，赵盼，等．企业集团对创新产出的影响：来自制造业上市公司的经验证据 [J]．中国工业经济，2019（1）：137-155.

[3] 曹金飞．金融冲击对企业产出的影响研究：基于中国上市公司面板数据 [J]．中央财经大学学报，2019（9）：35-45.

[4] 常玉春．我国对外直接投资的逆向技术外溢：以国有大型企业为例的实证 [J]．经济管理，2011，33（1）：9-15.

[5] 陈丰龙，徐康宁．本土市场规模与中国制造业全要素生产率 [J]．中国工业经济，2012（5）：44-56.

[6] 陈林．中国工业企业数据库的使用问题再探 [J]．经济评论，2018（6）：140-153.

[7] 陈宪，黄建锋．分工、互动与融合：服务业与制造业关系演进的实证研究 [J]．中国软科学，2004（10）：65-71.

[8] 陈勇兵，陈宇媚，周世民．贸易成本、企业出口动态与出口增长的二元边际：基于中国出口企业微观数据：2000—2005 [J]．经济学（季刊），2012，11（4）：1477-1502.

[9] 程虹．管理提升了企业劳动生产率吗?：来自中国企业-劳动力匹配调查的经验证据 [J]．管理世界，2018，34（2）：80-92.

[10] 程虹，王明明，李唐．管理效率与全要素生产率：基于“中国企业-劳动力匹配调查”（CEES）的新证据 [J]．南方经济，2018（9）：123-140.

[11] 戴觅，余淼杰，Maitra Madhura. 中国出口企业生产率之谜：加工贸

易的作用［J］. 经济学（季刊），2014（2）：675-698.

［12］范红忠．有效需求规模假说、研发投入与国家自主创新能力［J］. 经济研究，2007（3）：33-44.

［13］冯文娜．高新技术企业研发投入与创新产出的关系研究：基于山东省高新技术企业的实证［J］. 经济问题，2010（9）：74-78.

［14］宫旭红，蒋殿春．生产率与中国企业国际化模式：来自微观企业的证据［J］. 国际贸易问题，2015（8）：24-32.

［15］顾雪松，韩立岩，周伊敏．产业结构差异与对外直接投资的出口效应：“中国-东道国”视角的理论与实证［J］. 经济研究，2016，51（4）：102-115.

［16］侯欣裕，陈璐瑶，孙浦阳．金融服务、外资政策调整与企业出口：基于中国微观数据的验证［J］. 金融研究，2019（11）：94-111.

［17］侯欣裕，孙浦阳，杨光．服务业外资管制、定价策略与下游生产率［J］. 世界经济，2018，41（9）：146-170.

［18］江小涓．服务业增长：真实含义、多重影响和发展趋势［J］. 经济研究，2011，46（4）：4-14.

［19］姜亚鹏，王飞．中国对外直接投资母国就业效应的区域差异分析［J］. 上海经济研究，2012（7）：43-53.

［20］蒋冠宏．企业异质性和对外直接投资：基于中国企业的检验证据［J］. 金融研究，2015（12）：81-96.

［21］蒋冠宏．我国企业对外直接投资的“就业效应”［J］. 统计研究，2016（8）：55-62.

［22］蒋冠宏，曾靓．融资约束与中国企业对外直接投资模式：跨国并购还是绿地投资［J］. 财贸经济，2020，41（2）：132-145.

［23］蒋冠宏，蒋殿春．中国企业对外直接投资的“出口效应”［J］. 经济研究，2014（5）：160-173.

［24］蒋冠宏，蒋殿春．绿地投资还是跨国并购：中国企业对外直接投资方式的选择［J］. 世界经济，2017（7）：126-146.

［25］鞠晓生，卢荻，虞义华．融资约束、营运资本管理与企业创新可持续性［J］. 经济研究，2013（1）：4-16.

［26］康志勇，张杰．有效需求与自主创新能力影响机制研究：来自中国

1980—2004年的经验证据［J］. 财贸研究，2008，19（5）：1-8.

［27］李兵，李柔．互联网与企业出口：来自中国工业企业的微观经验证据［J］. 世界经济，2017，40（7）：102-125.

［28］李兵，岳云嵩，陈婷．出口与企业自主技术创新：来自企业专利数据的经验研究［J］. 世界经济，2016，39（12）：72-94.

［29］李宏兵，郭界秀，翟瑞瑞．中国企业对外直接投资影响了劳动力市场的就业极化吗？［J］. 财经研究，2017（6）：28-39.

［30］李静，楠玉．人力资本错配下的决策：优先创新驱动还是优先产业升级？［J］. 经济研究，2019（8）：152-166.

［31］李磊，白道欢，冼国明．对外直接投资如何影响了母国就业？：基于中国微观企业数据的研究［J］. 经济研究，2016（8）：144-158.

［32］李磊，冼国明，包群．"引进来"是否促进了"走出去"？：外商投资对中国企业对外直接投资的影响［J］. 经济研究，2018，53（3）：142-156.

［33］李林木，汪冲．税费负担、创新能力与企业升级：来自"新三板"挂牌公司的经验证据［J］. 经济研究，2017，52（11）：119-134.

［34］李梅．对外直接投资的技术进步效应：基于1985—2008年的经验研究［J］. 经济管理，2010，32（12）：40-48.

［35］李梅，柳士昌．对外直接投资逆向技术溢出的地区差异和门槛效应：基于中国省际面板数据的门槛回归分析［J］. 管理世界，2012（1）：21-32.

［36］李平，史亚茹．知识产权保护对OFDI逆向技术溢出的影响［J］. 世界经济研究，2019（2）：99-110.

［37］李永友，严岑．服务业"营改增"能带动制造业升级吗？［J］. 经济研究，2018，53（4）：18-31.

［38］林兆木．中国经济转型升级势在必行［J］. 经济纵横，2014（1）：17-22.

［39］刘波，李志生，王泓力，等．现金流不确定性与企业创新［J］. 经济研究，2017，52（3）：166-180.

［40］刘海云，廖庆梅．中国对外直接投资对国内制造业就业的贡献［J］. 世界经济研究，2017（3）：56-67.

[41] 刘和东．国内市场规模与创新要素集聚的虹吸效应研究 [J]．科学学与科学技术管理，2013，34（7）：104-112.

[42] 刘宏，张蕾．中国 ODI 逆向技术溢出对全要素生产率的影响程度研究 [J]．财贸经济，2012（1）：95-100.

[43] 刘戒骄．服务业的开放及其对工业的影响 [J]．管理世界，2002（6）：54-63.

[44] 刘明霞．中国对外直接投资的逆向技术溢出效应：基于技术差距的影响分析 [J]．中南财经政法大学学报，2010（3）：16-21.

[45] 刘生龙，胡鞍钢．交通基础设施与中国区域经济一体化 [J]．经济研究，2011，46（3）：72-82.

[46] 刘仕国，吴海英，马涛，等．利用全球价值链促进产业升级 [J]．国际经济评论，2015（1）：64-84.

[47] 刘志强，陶攀．研发强度、集聚经济与企业生产率 [J]．重庆大学学报（社会科学版），2013，19（6）：15-23.

[48] 罗长远，李姝醒．出口是否有助于缓解企业的融资约束?：基于世界银行中国企业调查数据的实证研究 [J]．金融研究，2014（9）：1-17.

[49] 毛其淋．外资进入自由化如何影响了中国本土企业创新？[J]．金融研究，2019（1）：72-90.

[50] 毛其淋，许家云．中国对外直接投资如何影响了企业加成率：事实与机制 [J]．世界经济，2016（6）：77-99.

[51] 毛其淋，许家云．中间品贸易自由化提高了企业加成率吗?：来自中国的证据 [J]．经济学（季刊），2017，16（2）：485-524.

[52] 明秀南，阎虹戎，冼国明．对外直接投资对企业创新的影响分析 [J]．南方经济，2019（8）：39-55.

[53] 綦建红，魏庆广．OFDI 影响国内资本形成的地区差异及其门槛效应 [J]．世界经济研究，2009（10）：53-58.

[54] 钱学锋．企业异质性、贸易成本与中国出口增长的二元边际 [J]．管理世界，2008（9）：48-56.

[55] 屈文洲，谢雅璐，叶玉妹．信息不对称、融资约束与投资-现金流敏感性：基于市场微观结构理论的实证研究 [J]．经济研究，2011，46（6）：105-117.

[56] 邵玉君. FDI、OFDI与国内技术进步 [J]. 数量经济技术经济研究, 2017, 34 (9): 21-38.

[57] 盛丹, 包群, 王永进. 基础设施对中国企业出口行为的影响: "集约边际"还是"扩展边际" [J]. 世界经济, 2011, 34 (1): 17-36.

[58] 史本叶, 张永亮. 中国对外贸易成本分解与出口增长的二元边际 [J]. 财经研究, 2014, 40 (1): 73-82.

[59] 孙浦阳, 侯欣裕. 服务业外资开放与企业出口产品范围: 基于中国微观数据的研究 [J]. 贵州大学学报 (社会科学版), 2019, 37 (3): 9-19.

[60] 孙浦阳, 侯欣裕, 盛斌. 服务业开放、管理效率与企业出口 [J]. 经济研究, 2018, 53 (7): 136-151.

[61] 唐宜红, 俞峰, 林发勤, 等. 中国高铁、贸易成本与企业出口研究 [J]. 经济研究, 2019 (7): 158-173.

[62] 田巍, 余淼杰. 汇率变化、贸易服务与中国企业对外直接投资 [J]. 世界经济, 2017, 40 (11): 23-46.

[63] 田巍, 余淼杰. 人民币汇率与中国企业对外直接投资: 贸易服务型投资视角 [J]. 国际经济评论, 2019 (5): 44-56.

[64] 田巍, 余淼杰. 贸易服务型对外投资: 企业出口的帮手 [J]. 清华金融评论, 2019 (9): 103-104.

[65] 王桂军, 卢潇潇. "一带一路"倡议与中国企业升级 [J]. 中国工业经济, 2019 (3): 43-61.

[66] 王英, 刘思峰. 国际技术外溢渠道的实证研究 [J]. 数量经济技术经济研究, 2008 (4): 153-161.

[67] 武力超, 张馨月, 侯欣裕. 生产性服务业自由化对微观企业出口的机制研究与实证考察 [J]. 财贸经济, 2016 (4): 101-115.

[68] 冼国明, 明秀南. 海外并购与企业创新 [J]. 金融研究, 2018 (8): 155-171.

[69] 项本武. 对外直接投资对国内投资的影响: 基于中国数据的协整分析 [J]. 中南财经政法大学学报, 2007 (5): 82-86.

[70] 肖文, 林高榜. 海外研发资本对中国技术进步的知识溢出 [J]. 世界经济, 2011, 34 (1): 37-51.

[71] 谢申祥, 王孝松, 张宇. 对外直接投资、人力资本与我国技术水平

的提升［J］. 世界经济研究，2009（11）：69-74.

［72］辛晴，邵帅．OFDI 对国内资本形成的影响：基于中国省际面板数据的经验分析［J］. 东岳论丛，2012，33（10）：135-139.

［73］薛敬孝，韩燕．FDI 并购与新建比较研究［J］. 世界经济研究，2004（4）：48-52.

［74］闫付美．生产性服务业 OFDI 与中国技术创新研究［D］．济南：山东大学，2018.

［75］阎虹戎，冼国明，明秀南．对外直接投资是否改善了母公司的员工结构？［J］. 世界经济研究，2018（1）：53-66.

［76］杨浩昌，李廉水，刘军．本土市场规模对技术创新能力的影响及其地区差异［J］. 中国科技论坛，2015（1）：27-32.

［77］杨连星，胡舜杰．对外直接投资对母国行业产出的影响研究：来自中国的经验证据［J］. 南京财经大学学报，2018（4）：33-43.

［78］杨连星，沈超海，殷德生．对外直接投资如何影响企业产出［J］. 世界经济，2019，42（4）：77-100.

［79］杨汝岱．中国制造业企业全要素生产率研究［J］. 经济研究，2015，50（2）：61-74.

［80］杨文斌．基于系统动力学的企业成长研究［D］上海：复旦大学，2006.

［81］殷朝华，郑强，谷继建．对外直接投资促进了中国自主创新吗？：基于金融发展视角的实证研究［J］. 宏观经济研究，2017（8）：69-85.

［82］尹东东，张建清．我国对外直接投资逆向技术溢出效应研究：基于吸收能力视角的实证分析［J］. 国际贸易问题，2016（1）：109-120.

［83］袁东，李霖洁，余淼杰．外向型对外直接投资与母公司生产率：对母公司特征和子公司进入策略的考察［J］. 南开经济研究，2015（3）：38-58.

［84］张焕勇．企业家能力与企业成长关系研究［D］上海：复旦大学，2007.

［85］张杰，芦哲，郑文平，等．融资约束、融资渠道与企业 R&D 投入［J］. 世界经济，2012，35（10）：66-90.

［86］张杰，郑文平，翟福昕．竞争如何影响创新：中国情景的新检验

[J]. 中国工业经济，2014（11）：56-68.

[87] 张天华，高翔，步晓宁，等．中国交通基础设施建设改善了企业资源配置效率吗?：基于高速公路建设与制造业企业要素投入的分析［J]. 财经研究，2017，43（8）：122-134.

[88] 张维迎，周黎安，顾全林．高新技术企业的成长及其影响因素：分位回归模型的一个应用［J]. 管理世界，2005（10）：94-101.

[89] 张先锋，杨栋旭，张杰．对外直接投资能缓解企业融资约束吗?：基于中国工业企业的经验证据［J]. 国际贸易问题，2017（8）：131-141.

[90] 张璇，刘贝贝，汪婷，等．信贷寻租、融资约束与企业创新［J]. 经济研究，2017，52（5）：161-174.

[91] 张龑，孙浦阳．需求网络结构、销售策略与出口波动：来自中国企业的证据［J]. 世界经济，2017，40（3）：76-98.

[92] 赵宸宇，李雪松．对外直接投资与企业技术创新：基于中国上市公司微观数据的实证研究［J]. 国际贸易问题，2017（6）：105-117.

[93] 赵伟，古广东，何元庆．外向 FDI 与中国技术进步：机理分析与尝试性实证［J]. 管理世界，2006（7）：53-60.

[94] 赵伟，韩媛媛，赵金亮．异质性、出口与中国企业技术创新［J]. 经济理论与经济管理，2012（4）：5-15.

[95] 周怀峰，曾晓花．海外市场需求对企业自主创新能力的影响［J]. 技术与创新管理，2011，32（1）：1-4.

[96] 周茂，陆毅，陈丽丽．企业生产率与企业对外直接投资进入模式选择：来自中国企业的证据［J]. 管理世界，2015（11）：70-86.

[97] 周霄雪．服务业外资自由化与中国制造业企业出口绩效：基于上下游投入产出关系的分析［J]. 产业经济研究，2017（6）：52-64.

[98] 朱治理，温军，李晋．海外并购、文化距离与技术创新［J]. 当代经济科学，2016，38（2）：79-86.

[99] 鲁晓东，连玉君．中国工业企业全要素生产率估计：1999—2007［J]. 经济学（季刊），2012，11（2）：541-558.

[100] 陈菲琼，虞旭丹．企业对外直接投资对自主创新的反馈机制研究：以万向集团 OFDI 为例［J]. 财贸经济，2009（3）：101-106.

[101] 陈立敏，杨振，侯再平．出口带动还是出口代替?：中国企业对外

直接投资的边际产业战略检验［J］. 财贸经济，2010（2）：78-85.

［102］宫汝凯，李洪亚．中国 OFDI 与国内投资：相互替代抑或促进［J］. 经济学动态，2016（12）：75-87.

［103］蒋冠宏，蒋殿春．中国工业企业对外直接投资与企业生产率进步［J］. 世界经济，2014（9）：53-76.

［104］蒋冠宏，蒋殿春．绿地投资还是跨国并购：中国企业对外直接投资方式的选择［J］. 世界经济，2017（7）：126-146.

［105］蒋冠宏，蒋殿春，蒋昕桐．我国技术研发型外向 FDI 的“生产率效应”：来自工业企业的证据［J］. 管理世界，2013（9）：44-54.

［106］解维敏，方红星．金融发展、融资约束与企业研发投入［J］. 金融研究，2011（5）：171-183.

［107］金芳．服务业跨国公司当前的地位及影响［J］. 世界经济研究，1990（4）：25-28.

［108］康灿华，苏芳．服务业对外直接投资的发展及其影响［J］. 对外经济贸易大学学报，2006（6）：65-70.

［109］李磊，蒋殿春，王小霞．企业异质性与中国服务业对外直接投资［J］. 世界经济，2017，40（11）：47-72.

［110］李泳．中国企业对外直接投资成效研究［J］. 管理世界，2009（9）：34-43.

［111］吕品，李超超，杨君．外部需求扩张能否提高中国制造业的产能利用率：基于 GMM 和 LSDV 法的面板数据分析［J］. 国际贸易问题，2016（7）：40-50.

［112］毛其淋，许家云．中国企业对外直接投资是否促进了企业创新［J］. 世界经济，2014（8）：98-125.

［113］毛其淋，许家云．贸易政策不确定性与企业储蓄行为：基于中国加入 WTO 的准自然实验［J］. 管理世界，2018，34（5）：10-27.

［114］宋林，谢伟．对外直接投资会挤出国内投资吗：地区差异及影响机制［J］. 亚太经济，2016（5）：106-112.

［115］杨波，张佳琦．海外并购与绿地投资选择研究：基于企业异质性视角［J］. 国际贸易问题，2017（12）：117-127.

［116］张杰，刘元春，郑文平．为什么出口会抑制中国企业增加值率?：

基于政府行为的考察［J］. 管理世界，2013（6）：12-27.

［117］ACKERBERG D A，CAVES K，FRAZER G. Identification properties of recent production function estimators［J］. Econometrica，2015，83（6）：2411-2451.

［118］AMURGO - PACHECO A，PIÉROLA，M D. Patterns of export diversification in developing countries：intensive and extensive margins［R］. Policy Research Working Paper，2007.

［119］ANDERSON J E，WINCOOP E V. Trade costs［J］. Journal of Economic Literature，2004，42（3）：691-751.

［120］ARNOLD J M，JAVORCIK B，LIPSCOMB M，et al. Services reform and manufacturing performance：evidence from India［J］. Economic Journal，2016，126（590）：1-39.

［121］ARNOLD J M，JAVORCIK B S，MATTOO A. Does services liberalization benefit manufacturing firms?：evidence from the Czech Republic［J］. Journal of International Economics，2011，85（1）：136-146.

［122］BAIN J S. Industrial organization［M］. New York：Harvard University Press，1959.

［123］BARKEMA H G，VERMEULEN F. International expansion through start up or acquisition：a learning perspective［J］. The Academy of Management Journal，1998，41（1）：7-26.

［124］BARONE G，CINGANO F. Service regulation and growth：evidence from OECD countries［J］. The Economic Journal，2011，121（555）：931-957.

［125］BAS M. Does services liberalization affect manufacturing firms' export performance? evidence from India［J］. Journal of Comparative Economics，2014，42（3）：569-589.

［126］BAS M，CAUSA O. Trade and product market policies in upstream sectors and productivity in downstream sectors：firm-level evidence from China［J］. Journal of Comparative Economics，2013，41（3）：843-862.

［127］BENGOA M，MARTINEZ-SAN RV，PEREZ P. Do R&D activities matter for productivity? a regional spatial approach assessing the role of human and social capital［J］. Economic Modelling，2017，60（1）：448-461.

[128] BITZER J, GÖRG H. Foreign direct investment, competition and industry performance. [J]. World Economy, 2009, 32 (2): 221-233.

[129] BITZER J, KEREKES M. Does foreign direct investment transfer technology across borders? new evidence [J]. Economics Letters, 2008, 100 (3): 355-358.

[130] BLOOM N, MANOVA K, VAN REENEN J, et al. Managing trade: evidence from China and the US [R]. NBER Working Paper, No. 24718, 2018.

[131] BLOOM N, VAN REENEN J. Measuring and explaining management practices across firms and countries [J]. The Quarterly Journal of Economics, 2007, 122 (4): 1351-1408.

[132] BRACONIER H, EKHOLM K, KNARVIK K H M. In search of FDI transmitted R&D spillovers: a study based on Swedish data [J]. Review of World Economics, 2001, 137 (4): 644-665.

[133] BRAINARD S L, RIKER D A. Are US multinationals exporting US jobs? [R]. NBER Working Paper No. 5985, 1997.

[134] BRANSTETTER L. Is foreign direct investment a channel of knowledge spillovers? evidence from Japan's FDI in the United States [J]. Journal of International Economics, 2006, 68 (2): 325-344.

[135] CASTELLACCI F. Technological paradigms, regimes and trajectories: manufacturing and service industries in a new taxonomy of sectoral patterns of innovation [J]. Research Policy, 2008, 37 (6): 978-994.

[136] CHEN V Z, LI J, SHAPIRO D M. International reverse spillover effects on parent firms: evidences from emerging-market MNEs in developed markets [J]. European Management Journal, 2012, 30 (3): 204-218.

[137] CHENG J L C, BOLON D S. The management of multinational R&D: a neglected topic in international business research [J]. Journal of International Business Studies, 1993, 24 (1): 1-18.

[138] CHEPTEA A, EMLINGER C, LATOUCHE K. Multinational retailers and home country food exports [J]. American Journal of Agricultural Economics, 2015, 1 (97): 159-179.

[139] CHEPTEA A, EMLINGER C, LATOUCHE K. Do exporting firms

benefit from retail internationalization? evidence from France [R]. CEPII Working Paper, 2015.

[140] COMIN D, PHILIPPON T. The rise in firm-level volatility: causes and consequences [J]. NBER Macroeconomics Annual, 2005, 20: 167-201.

[141] CORNAGGIA J, MAO Y, TIAN X, et al. Does banking competition affect innovation? [J]. Journal of Financial Economics, 2015, 1 (115): 189-209.

[142] CZARNITZKI D. Research and development in small and medium-sized enterprises: the role of financial constraints and public funding [J]. Scottish Journal of Political Economy, 2006, 53 (3): 335-357.

[143] DAMIJAN J P, POLANEC S, PRAŠNIKAR J. Outward FDI and productivity: micro-evidence from Slovenia [J]. World Economy, 2010, 30 (1): 135-155.

[144] DÉMURGER S. Infrastructure development and economic growth: an explanation for regional disparities in China? [J]. Journal of Comparative Economics, 2001, 29 (1): 95-117.

[145] DESAI M A, FOLEY C F, HINES J R. Foreign direct investment and domestic economic activity [R]. NBER Working Paper No. 11717, 2005.

[146] DESAI M A, FOLEY C F, HINES J R, JR. Foreign direct investment and the domestic capital stock [J]. American Economic Review, 2005, 95 (2): 33-38.

[147] DESMET K, PARENTE S L. Bigger is better: market size, demand elasticity, and innovation [J]. International Economic Review, 2010, 51 (2): 319-333.

[148] DRIFFIELD N L, LOVE J H. Foreign direct investment, technology sourcing and reverse spillovers [J]. Manchester School, 2003, 71 (6): 659-672.

[149] DRIFFIELD N, LOVE J H, TAYLOR K. Productivity and labour demand effects of inward and outward foreign direct investment on UK industry. [J]. Manchester School, 2009, 77 (2): 171-203.

[150] DRIFFIELD N, MICHELLE CHIANG P C. The effects of offshoring to

China: reallocation, employment and productivity in Taiwan District. [J]. International Journal of the Economics of Business, 2009, 16 (1): 19-38.

[151] DUGGAN V, RAHARDJA S, VARELA G J. Service sector reform and manufacturing productivity: evidence from Indonesia [R]. Policy Research Working Paper, 2013.

[152] EATON J, KORTUM S, KRAMARZ F. An anatomy of international trade: evidence from French firms [J]. Econometrica, 2011, 79 (5): 1453-1498.

[153] EMLINGER C, PONCET S. With a little help from my friends: multinational retailers and China's consumer market penetration [J]. Journal of International Economics, 2018, 112: 1-12.

[154] ESWARAN M, KOTWAL A. The role of the service sector in the process of industrialization [J]. Journal of Development Economics, 2002, 68 (2): 401-420.

[155] FANG V, TIAN X, TICE S. Does stock liquidity enhance or impede firm innovation? [J]. The Journal of Finance, 2014, 69 (5): 2085-2125.

[156] FELDSTEIN M. The effects of taxation on multinational corporations: the effects of outbound foreign direct investment on the domestic capital stock [R]. Chicago: University of Chicago Press, 1995.

[157] FLEISHER B, LI H, ZHAO M Q. Human capital, economic growth, and regional inequality in China [J]. Journal of Development Economics, 2010, 92 (2): 215-231.

[158] FONTANA R, GUERZONI M. Incentives and uncertainty: an empirical analysis of the impact of demand on innovation [J]. Cambridge Journal of Economics, 2008, 32 (6): 927-946.

[159] FOSFURI A, MOTTA M. Multinationals without advantages [J]. The Scandinavian Journal of Economics, 1999, 101 (4): 617-630.

[160] FRANCOIS J, HOEKMAN B. Services trade and policy [J]. Journal of Economic Literature, 2010, 48 (3): 642-692.

[161] GEREFFI G. International trade and industrial upgrading in the apparel commodity chain [J]. Journal of International Economics, 1999, 48 (1):

37-70.

[162] GIRMA S, GREENAWAY A, KNELLER R. Does exporting increase productivity? a microeconometric analysis of matched firms [J]. Review of International Economics, 2004, 12 (5): 855-866.

[163] GIRMA S, KNELLER R, PISU M. Exports versus FDI: an empirical test [J]. Review of World Economics, 2005, 141 (2): 193-218.

[164] GLOBERMAN S, KOKKO A, SJöHOLM F. International technology diffusion: evidence from Swedish patent data [J]. Kyklos, 2000, 53 (1): 17-38.

[165] GRILICHES Z. Issues in assessing the contribution of research and development to productivity growth [J]. The Bell Journal of Economics, 1979, 10 (1): 92-116.

[166] GRUBEL H G, WALKER M A. Service industry growth: causes and effects [M]. Vancouver: The Fraser Institute Press, 1989.

[167] GUARIGLIA A, LIU X, SONG L. Internal finance and growth: microeconometric evidence on Chinese firms [J]. Journal of Development Economics, 2011, 96 (1): 79-94.

[168] HAGEDOORN J, CLOODT M. Measuring innovative performance: is there an advantage in using multiple indicators? [J]. Research Policy, 2003, 32 (8): 1365-1379.

[169] HALL B H. The relationship between firm size and firm growth in the US manufacturing sector [J]. The Journal of Industrial Economics, 1987 (1): 583-606.

[170] HALL B H, LERNER J. The financing of R&D and innovation [J]. Handbook of the Economics of Innovation, 2010: 609-639. .

[171] HARRISON A, MCMILLAN M. Outsourcing jobs? multinationals and US employment [R]. NBER Working Paper, No. 12372, 2006.

[172] HEAD K, RIES J. Overseas investment and firm exports [J]. Review of International Economics, 2001, 9 (1): 108-122.

[173] HEAD K, RIES J. Heterogeneity and the FDI versus export decision of Japanese manufacturers [J]. Journal of the Japanese and International Economies,

2003, 17 (4): 448-467.

[174] HELPMAN E, MELITZ M J, YEAPLE S R. Export versus FDI with heterogeneous firms [J]. American Economic Review, 2004, 94 (1): 300-316.

[175] HERZER D. The long-run relationship between outward foreign direct investment and total factor productivity: evidence for developing countries [J]. The Journal of Development Studies, 2011, 47 (5): 767-785.

[176] HERZER D, SCHROOTEN M. Outward FDI and domestic investment [R]. Discussion Paper of DIW Berlin, 679, 2007.

[177] HIJZEN A, INUI T, TODO Y. The effects of multinational production on domestic performance: evidence from Japanese firms [R]. RIETI Discussion Paper Series, 07-E-006, 2007.

[178] HIJZEN A, JEAN S, MAYER T. The effects at home of initiating production abroad: evidence from matched French firms [J]. Review of World Economics, 2011, 147 (3): 457.

[179] HOVAKIMIAN G. Determinants of investment cash flow sensitivity [J]. Financial Management, 2009, 38 (1): 161-183.

[180] HUMMELS D, SCHAUR G. Time as a trade barrier [J]. American Economic Review, 2013, 103 (7): 2935-2959.

[181] KAKAOMERLIOGLU D C, CARLSSON B. Manufacturing in decline? a matter of definition [J]. Economics of Innovation & New Technology, 1999, 8 (3): 175-196.

[182] KANCS D. Trade growth in a heterogeneous firm model: evidence from south eastern Europe [J]. The World Economy, 2007, 30: 1139-1169.

[183] KELLER W. Geographic localization of international technology diffusion [J]. NBER Working Paper, No. 7509, 2000.

[184] KIMURA F, KIYOTA K. Exports, FDI, and productivity: dynamic evidence from Japanese firms. [J]. Review of World Economics, 2006, 142 (4): 695-719.

[185] KLEINERT J, TOUBAL F. The impact of locating production abroad on activities at home [R]. Tübinger Diskussionsbeiträge, No. 314, 2007.

[186] KOGUT B, CHANG S J. Technological capabilities and Japanese foreign direct investment in the United States [J]. The Review of Economics and Statistics, 1991, 73 (3): 401-413.

[187] KRAUTHEIM S. Export-supporting FDI [J]. Canadian Journal of Economics, 2013, 46 (4): 1571-1605.

[188] KRAVIS I B, LIPSEY R E. The effect of multinational firm's foreign operations on their domestic employment [R]. NBER Working Paper, No. 2760, 1988.

[189] LEV B, RADHAKRISHNAN S. Measuring capital in the new economy: the valuation of organization capital [R]. University of Chicago Press, 2005, 10 (1): 73-82.

[190] LEVINSOHN J, PETRIN A. Estimating production functions using inputs to control for unobservables [J]. Review of Economic Studies, 2010, 70 (2): 317-341.

[191] LI P, LU Y, WANG J. Does flattening government improve economic performance? evidence from China [J]. Journal of Development Economics, 2016, 123: 18-37.

[192] LI Y, HU J. R&D, FDI, and efficiencies of small and medium sized firms. [J]. Journal of Management Research, 2013, 13 (3): 163-179.

[193] LIU Q, MA H. Trade policy uncertainty and innovation: firm level evidence from China's WTO Accession [R]. Working Paper, 2016.

[194] LIU Q, QIU L D. Intermediate input imports and innovations: evidence from Chinese firms' patent filings [J]. Journal of International Economics, 2016, 103: 166-183.

[195] LUONG L H, MOSHIRIAN F, NGUYEN H G, et al. Do foreign institutional investors enhance firm innovation? [J]. Journal of Financial & Quantitative Analysis, 2017, 52: 1-42.

[196] MARIOTTI S, MUTINELLI M, PISCITELLO L. Home country employment and foreign direct investment: evidence from the Italian case [J]. Cambridge Journal of Economics, 2003, 27 (3): 419-431.

[197] MELITZ M J. The impact of trade on intra-industry reallocations and

aggregate industry productivity [J]. Econometrica, 2003, 71 (6): 1695-1725.

[198] MOSER P, VOENA A. Compulsory licensing: evidence from the trading with the Enemy Act [J]. American Economic Review, 2012, 102 (1): 396-427.

[199] MYERS S C, MAJLUF N S. Corporate financing and investment decisions when firms have information that investors do not have [J]. Journal of Financial Economics, 1984, 13 (2): 187-221.

[200] NAVARETTI G B, CASTELLANI D. Investments abroad and performance at home: evidence from Italian multinationals [R]. CEPR Discussion Paper, No. 4284, 2004.

[201] NAVARETTI G B, CASTELLANI D, DISDIER A. How does investing in cheap labour countries affect performance at home? firm-level evidence from France and Italy [J]. Oxford Economic Papers, 2010, 62 (2): 234-260.

[202] NOCKE V, YEAPLE S. Cross-border mergers and acquisitions VS. greenfield foreign direct investment: the role of firm heterogeneity [J]. Journal of International Economics, 2007, 72 (2): 336-365.

[203] NOCKE V, YEAPLE S. An assignment theory of foreign direct investment [J]. Review of Economic Studies, 2008, 75 (2): 529-557.

[204] OKECHUKWU O, VITA G, LUO Y. The impact of FDI on Nigeria's export performance: a sectoral analysis [J]. Journal of Economic Studies, 2018, 45: 00-00.

[205] OLLEY G S, PAKES A. The dynamics of productivity in the telecommunications equipment industry [J]. Econometrica, 1996, 64 (6): 1263-1297.

[206] ORNAGHI C. Mergers and innovation in big pharma [J]. International Journal of Industrial Organization, 2009, 27 (1): 70-79.

[207] PIETROBELLI C, RABELLOTTI R. Upgrading to compete global value chains, clusters, and SMEs in Latin America [J]. Revista De Administração Contemporânea, 2009, 13 (3): 522-523.

[208] POON T S. Beyond the global production networks: a case of further upgrading of China Taiwan District's information technology industry [J].

International Journal of Technology and Globalisation, 2004, 1 (1): 130-144.

[209] PORTER M E. Competitive advantage of nations [M]. New York: Free Press, 1990.

[210] POTTERIE B V P D, LICHTENBERG F. Does foreign direct investment transfer technology across borders? [J]. The Review of Economics and Statistics, 2001, 83 (3): 490-497.

[211] PRADHAN J P, SINGH N. Outward FDI and knowledge flows: a study of the Indian automotive sector [J]. International Journal of Institutions and Economies, 2009, 1 (1): 156-187.

[212] QIU L, YU M. Managerial efficiency and product decision: evidence from Chinese firms [R]. Working paper, 2015.

[213] RAFF H, RYAN M, STÄHLER F. Firm productivity and the foreign-market entry decision [J]. Journal of Economics & Management Strategy, 2012, 21 (3): 849-871.

[214] RAMASAMY B, YEUNG M. The determinants of foreign direct investment in services [J]. The World Economy, 2010, 33 (4): 573-596.

[215] REEG C. Micro, Small and medium enterprise upgrading in low and middle incomecountries : a literature review [R]. Discussion Paper of DIE, 2013.

[216] ROSENBAUM P R, RUBIN D B. Assessing sensitivity to an unobserved binary covariate in an observational study with binary outcome [J]. Journal of the Royal Statistical Society (Series B, Methodological), 1983, 45 (2): 212-218.

[217] SAURAMO P. Does outward foreign direct investment reduce domestic investment? macro-evidence from Finland [J]. Labour Institute for Economic Research Discussion Papers, 2008, 239.

[218] SCHMOOKLER J. Invention and economic growth [J]. Economic History Review, 1966, 20 (1): 135.

[219] SCHUMPETER J A. The theory of economic development: an inquiry into profits, capital, credit, interest, and the business cycle [M]. Cambridge: Harvard University Press, 1934.

[220] SCHUMPETER J A. Capitalism, socialism, and democracy [M]. New

York: Harper and Brothers, 1942.

[221] SILVA F, CARREIRA C. Do financial constraints threat the innovation process? evidence from Portuguese firms [J]. Economics of Innovation and New Technology, 2012, 21: 701-736.

[222] SMITH K. Measuring innovation [J]. Oxford Handbook of Innovation, 2005, 2 (26): 21-22.

[223] SOLOW R M. Technical change and the aggregate production function [J]. Review of Economics and Statistics, 1957, 39 (3): 312-320.

[224] STEPANOK I. Cross-border mergers and greenfield foreign direct investment [J]. Review of International Economics, 2015, 23 (1): 111-136.

[225] STEVENS G V G, LIPSEY R E. Interactions between domestic and foreign investment [J]. Journal of International Money and Finance, 1992, 11 (1): 40-62.

[226] TANAKA K. Firm Heterogeneity and FDI in distribution services [J]. The World Economy, 2014, 38 (8): 1295-1311.

[227] TIAN W, YU M. Distribution, outward FDI, and productivity heterogeneity: China and cross-countries' evidence [J]. Journal of International Financial Markets, Institutions and Money, 2020, 67: 101218.

[228] TIAN X, WANG T Y. Tolerance for failure and corporate innovation [J]. Review of Financial Studies, 2014, 27 (1): 211-255.

[229] TIENTAO A, LEGROS D, PICHERY M C. Technology spillover and TFP growth: a spatial Durbin model [J]. International Economics, 2016, 145: 21-31.

[230] TRAX M. Productivity the internationalization of firms: cross-border acquisitions versus greenfield investment [R]. Ruhr Economic Papers Np. 259, 2011.

[231] UEDA M, HIRUKAWA M. Venture capital and productivity [R]. University of Wisconsin Working Paper, 2003.

[232] UNCTAD. UNCTAD training manual on statistics for FDI and the operations of TNCs [M]. United Nations, 2009.

[233] VAHTER P, MASSO J. Home versus host country effects of FDI:

searching for new evidence of productivity spillovers [R]. Working Papers of Eesti Pank, No. 13, 2005.

[234] YAMASHITA N, FUKAO K. Expansion abroad and jobs at home: evidence from Japanese multinational enterprises [J]. Japan and the World Economy, 2010, 22 (2): 88-97.

[235] YAMAWAKI H. International competitiveness and the choice of entry mode: Japanese multinationals in Us and European manufacturing industries [R], IUI Working Paper, No. 424, 1994.

[236] YANG S, CHEN K, HUANG T. Outward foreign direct investment and technical efficiency: evidence from China Taiwan District's Manufacturing Firms [J]. Journal of Asian Economics, 2013, 27: 7-17.

[237] YASUDA T. Firm growth, size, age and behavior in Japanese manufacturing [J]. Small Business Economics, 2005, 24 (1): 1-15.

[238] YEAPLE S R. Firm heterogeneity and structure of US multinational activity [J]. Journal of International Economics, 2008, 78 (2): 206-215.

